Commentaire sur la
loi du 25 mars 1896
sur les Droits des
Enfants Naturels
dans la Succession de
leurs père et mère
par
G. Baudry-Lacantinerie

Don de M. [illegible]
= 24/10/99 =

TEXTE DE LA LOI DU 25 MARS 1896

Loi *relative aux droits des enfants naturels dans la succession de leurs père et mère.*

Art. 1er. — Il est créé au chapitre 3 du titre Ier du livre III du code civil une section VI avec le titre : « Des successions déférées aux enfants naturels légalement reconnus et des droits de leurs père et mère dans leur succession ».

Cette section VI contiendra les articles suivants :

« *Art. 756.* — La loi n'accorde de droits aux enfants naturels sur les biens de leurs père ou mère décédés que lorsqu'ils ont été légalement reconnus. Les enfants naturels légalement reconnus sont appelés en qualité d'héritiers à la succession de leur père ou de leur mère décédés.

« *Art. 757.* — La loi n'accorde aucun droit aux enfants naturels sur les biens des parents de leur père ou de leur mère.

« *Art. 758.* — Le droit héréditaire de l'enfant naturel dans la succession de ses père ou mère est fixé ainsi qu'il suit :

« Si le père ou la mère a laissé des descendants légitimes, ce droit est de la moitié de la portion héréditaire qu'il aurait eue s'il eût été légitime.

« *Art. 759.* — Le droit est des trois quarts, lorsque les père ou mère ne laissent pas de descendants, mais bien des ascendants ou des frères ou sœurs, ou des descendants légitimes de frères ou sœurs.

« *Art. 760.* — L'enfant naturel a droit à la totalité des biens lorsque ses père ou mère ne laissent ni descendants, ni ascendants, ni frères ou sœurs, ni descendants légitimes de frères ou sœurs.

« *Art. 761.* — En cas de prédécès des enfants naturels, leurs enfants et descendants peuvent réclamer les droits fixés par les articles précédents.

« *Art. 762.* — Les dispositions des articles 756, 758, 759 et 760 ne sont pas applicables aux enfants adultérins ou incestueux.

« La loi ne leur accorde que des aliments.

« *Art. 763.* — Ces aliments sont réglés eu égard aux facultés du père et de la mère, au nombre et à la qualité des héritiers légitimes.

« *Art. 764.* — Lorsque le père ou la mère de l'enfant adultérin ou incestueux lui auront fait apprendre un art mécanique, ou lorsque l'un d'eux lui aura assuré des aliments de son vivant, l'enfant ne pourra élever aucune réclamation contre leur succession.

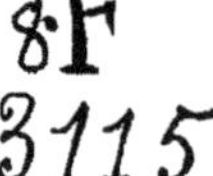

« *Art. 765.* — La succession de l'enfant naturel décédé sans postérité est dévolue au père ou à la mère qui l'a reconnu, ou, par moitié, à tous les deux, s'il a été reconnu par les deux. »

Les articles 756 à 765 du code civil sont abrogés.

Art. 2. — La section 1re du chapitre 4 du titre Ier du livre III est intitulée : « Des droits des frères et sœurs sur les biens des enfants naturels ».

Elle contiendra uniquement l'article 766 du code civil :

« *Art. 766.* — En cas de prédécès des père et mère de l'enfant naturel décédé sans postérité, les biens qu'il en avait reçus passent aux frères et sœurs légitimes, s'ils se retrouvent en nature dans la succession ; les actions en reprises, s'il en existe, ou le prix des biens aliénés, s'il est encore dû, retournent également aux frères et sœurs légitimes. Tous les autres biens passent aux frères et sœurs naturels ou à leurs descendants ».

Art. 3. — L'article 908 du code civil est modifié ainsi qu'il suit :

« *Art. 908.* — Les enfants naturels légalement reconnus ne pourront rien recevoir par donation entre vifs au delà de ce qui leur est accordé au titre des successions. Cette incapacité ne pourra être invoquée que par les descendants du donateur, par ses ascendants, par ses frères et sœurs et les descendants légitimes de ses frères et sœurs.

« Le père ou la mère qui les ont reconnus pourront leur léguer tout ou partie de la quotité disponible, sans toutefois qu'en aucun cas, lorsqu'ils se trouvent en concours avec des descendants légitimes, un enfant naturel puisse recevoir plus qu'une part d'enfant légitime le moins prenant.

« Les enfants adultérins ou incestueux ne pourront rien recevoir par donation entre vifs ou par testament au delà de ce qui leur est accordé par les articles 762, 763 et 764. »

Art. 4. — Il est ajouté à l'article 913 du code civil un paragraphe 2 ainsi conçu :

« L'enfant naturel légalement reconnu a droit à une réserve. Cette réserve est une quotité de celle qu'il aurait eue s'il eût été légitime, calculée en observant la proportion qui existe entre la portion attribuée à l'enfant naturel au cas de succession *ab intestat* et celle qu'il aurait eue dans le même cas s'il eût été légitime ».

Il est ajouté au même article 913 un troisième paragraphe reproduisant l'article 914 du code civil, modifié ainsi qu'il suit :

« Sont compris dans le présent article, sous le nom d'enfants, les descendants en quelque degré que ce soit. Néanmoins, ils ne sont comptés que pour l'enfant qu'ils représentent dans la succession du disposant ».

L'article 915 du code civil prendra le numéro 914.

Art. 5. — L'art. 915 (nouveau) sera libellé ainsi qu'il suit :

« *Art. 915.* — Lorsque, à défaut d'enfants légitimes, le défunt laisse à la fois un ou plusieurs enfants naturels et des ascendants dans les deux lignes ou dans une seule, les libéralités par actes entre vifs et par testament ne pourront excéder la moitié des biens du disposant s'il n'y a qu'un enfant naturel, le tiers s'il y en a deux, le quart s'il y en a trois ou un plus grand nombre. Les biens ainsi réservés seront recueillis par les ascendants jusqu'à concurrence d'un huitième de la succession, et le surplus par les enfants naturels. »

ART. 6. — Les articles 723 et 724 du code civil sont modifiés ainsi qu'il suit :

« *Art. 723.* — La loi règle l'ordre de succéder entre les héritiers légitimes et les héritiers naturels. A leur défaut, les biens passent à l'époux survivant et, s'il n'y en a pas, à l'Etat. »

« *Art. 724.* — Les héritiers légitimes et les héritiers naturels sont saisis de plein droit des biens, droits et actions du défunt, sous l'obligation d'acquitter toutes les charges de la succession. L'époux survivant et l'Etat doivent se faire envoyer en possession. »

ART. 7. — L'article 773 du code civil est abrogé.

ART. 8. — L'article 53 de la loi des 28 avril, 4 mai 1816 est modifié ainsi qu'il suit :

« L'enfant naturel légalement reconnu, appelé à la succession *ab intestat* ou testamentaire de son auteur, sera considéré, quant à la quotité du droit, comme enfant légitime. »

DISPOSITION TRANSITOIRE

ART. 9. — Toute réclamation sera interdite à l'enfant naturel lorsqu'il aura reçu du vivant de ses père et mère, avant la date de la promulgation de la présente loi, la moitié de ce qui lui est attribué par les articles 758, 759, 760 et 761 précédents, avec déclaration expresse de leurs père ou mère que leur intention est de réduire l'enfant naturel à la portion qu'ils lui ont assignée. Dans le cas où cette portion serait inférieure à la moitié de ce qui devrait revenir à l'enfant naturel, il ne pourra réclamer que le supplément nécessaire pour parfaire cette moitié.

En ce qui concerne le calcul de la réserve des enfants naturels, la présente loi sera applicable à toutes les libéralités faites antérieurement à sa promulgation.

ART. 10. — La présente loi est applicable à toutes les colonies où le code civil a été promulgué.

Par suite de l'apparition de cette loi, les numéros **29** à **31, 100** à **125, 137** à **139, 387** à **388, 409** à **417** du tome II, 5e édition, du *Précis* sont remplacés ainsi qu'il suit :

. . . .

§ II. *De la saisine des héritiers.*

29. Introduction. — L'étude de la saisine héréditaire suppose la notion préalable de la distinction des diverses classes d'héritiers.

Aux termes de l'ancien art. 723 : « *La loi règle l'ordre de succé-» der entre les héritiers légitimes : à leur défaut, les biens passent » aux enfants naturels, ensuite à l'époux survivant ; et s'il n'y en a » pas, à l'État* ». Il y avait donc, d'après le code civil de 1804, deux catégories d'héritiers : les *héritiers légitimes,* appelés aussi *réguliers* ou *parfaits,* comprenant toutes les personnes appelées à recueillir la succession à titre de *parents légitimes* du défunt, exemple ses enfants légitimes, ses ascendants, et les *successeurs irréguliers* ou *imparfaits,* comprenant toutes les personnes appelées à recueillir la succession à un titre autre que celui de parent légitime, par conséquent non seulement, comme le disait l'art. 723, les enfants naturels, le conjoint survivant et l'Etat, mais aussi les père et mère naturels (art. 765) et les frères et sœurs naturels (art. 766), que l'article avait omis par inadvertance. Voici maintenant quelle était l'importance de cette distinction. Les héritiers légitimes avaient la saisine ; les successeurs irréguliers ne l'avaient pas : ils ne pouvaient appréhender les biens de la succession ou la part qui leur revenait dans ces biens qu'après avoir obtenu l'envoi en possession ou la délivrance suivant les cas. L'ancien art. 724 porte : « *Les héri-» tiers légitimes sont saisis de plein droit des biens, droits et actions » du défunt, sous l'obligation d'acquitter toutes les charges de la suc-» cession : les enfants naturels, l'époux survivant et l'Etat doivent se » faire renvoyer en possession par justice dans les formes qui seront » déterminées* ».

29-*1*. La loi du 25 mars 1896 a élargi le cadre des ayants droit à la saisine, en donnant à l'art. 723 cette nouvelle rédaction : « *La » loi règle l'ordre de succéder entre les héritiers légitimes* ET LES » HÉRITIERS NATURELS. *A leur défaut, les biens passent à l'époux sur-» vivant, et, s'il n'y en a pas, à l'Etat* ». La loi nouvelle met donc les héritiers naturels sur la même ligne que les héritiers légitimes. Les uns comme les autres ont droit à la saisine, ainsi que cela résulte du nouvel art. 724 ainsi conçu : « *Les héritiers légitimes* ET » LES HÉRITIERS NATURELS *sont saisis de plein droit des biens, droits et » actions du défunt, sous l'obligation d'acquitter toutes les charges*

» *de la succession. L'époux survivant et l'Etat doivent se faire » envoyer en possession* ».

29-*2*. Il reste à savoir quelles sont les personnes que la loi nouvelle a entendu assimiler aux héritiers légitimes par cette expression : *les héritiers naturels*. Elle comprend incontestablement les enfants naturels reconnus (nouvel art. 756 *in fine*), dont le législateur de 1896 se préoccupait d'améliorer le sort. Comprend-elle aussi les père et mère naturels et les frères et sœurs naturels ? Sur ce point il y a controverse.

En ce qui concerne les père et mère naturels, on enseigne généralement la négative en se fondant sur les explications qui ont été données par le rapporteur de la loi au Sénat, M. Dauphin. Mais l'opinion contraire nous paraît mieux fondée. D'abord l'expression *héritiers naturels* est aussi compréhensive que possible. Il serait étonnant que le législateur l'eût employée à la place de celle d'*enfants naturels*, s'il n'avait songé qu'à ceux-ci. Ensuite le nouvel art. 765 a été détaché par la loi nouvelle du chapitre IV consacré aux successions irrégulières, pour être rattaché au chapitre précédent consacré aux successions régulières qui confèrent le bénéfice de la saisine. Enfin l'art. 770 n'impose qu'au conjoint survivant et à l'Etat l'obligation de demander l'envoi en possession, ce qui implique que les père et mère en sont dispensés et que par suite ils ont la saisine.

Ce dernier argument pourrait porter à penser que les frères et sœurs naturels ont aussi la saisine, car l'art. 770 ne leur impose pas plus qu'aux père et mère naturels l'obligation de demander l'envoi en possession. Mais cet argument nous paraît ne pas devoir prévaloir contre celui résultant de la place qui a été donnée au nouvel art. 766, qui organise la succession des frères et sœurs naturels. Ce texte, conforme à l'ancien, a été laissé dans le chapitre *Des successions irrégulières*, dont il forme aujourd'hui le premier article. Cela serait inexplicable si le législateur avait voulu faire des frères et sœurs naturels de véritables héritiers. Ils sont donc demeurés ce qu'ils étaient autrefois, des successeurs irréguliers dépourvus de la saisine. On s'explique d'ailleurs facilement la différence qui se trouve ainsi établie entre eux et les père et mère naturels, car ceux-ci sont parents, tandis que les frères naturels ne le sont pas ou du moins ne le sont pas légalement, la parenté naturelle ne pouvant résulter que d'une reconnaissance, et la reconnaissance ne produisant d'effet qu'entre celui dont elle émane et l'enfant.

29-*3*. Ainsi, en résumé, il y a deux classes de successeurs : 1° les *héritiers*, ou successeurs *réguliers*, comprenant les héritiers légitimes, dont le titre est dans leur parenté légitime avec le défunt, et les héritiers naturels, c'est-à-dire les enfants naturels et les père et mère naturels ; 2° les successeurs *irréguliers*, comprenant tous ceux qui succèdent à un autre titre, c'est-à-dire les frères et sœurs naturels, le conjoint survivant et l'Etat.

D'ailleurs le nouvel art. 723, comme l'ancien, mérite une critique en tant qu'il nous présente le conjoint survivant et l'Etat comme venant *à défaut* d'héritiers légitimes et naturels, ce qui donnerait à entendre que le conjoint survivant et l'Etat viennent immédiatement après les héritiers légitimes et naturels. Or il y a encore les frères et sœurs naturels qui priment le conjoint et l'Etat.

30. Les héritiers (légitimes ou naturels) ont la *saisine ;* les successeurs irréguliers ne l'ont pas. Telle est, nous l'avons déjà dit, la différence capitale qui existe entre ces deux classes de successeurs. Elle est sous-entendue plutôt que formulée dans l'art. 724 que nous avons transcrit tout à l'heure.

De l'avis unanime des auteurs, ce texte a voulu reproduire la disposition de l'art. 318 *in fine* de la coutume de Paris, ainsi conçu : « Le mort saisit le vif, son hoir plus proche et habile à lui succéder ». Pothier commente ainsi cette maxime : « Le *mort*, c'est-à-dire celui de la succession duquel il s'agit... [*is de cujus successione agitur;* on l'appelle par abréviation le *de cujus* [1]] ; *saisit*, c'est-à-dire est censé mettre en possession de tous ses biens et droits ; *le vif son hoir plus proche*, c'est-à-dire celui qui lui survit, et qui, comme son plus proche parent, est appelé à être son héritier ».

On voit, d'après cette explication de Pothier, que la maxime *Le mort saisit le vif...* est relative à la *possession*, et non à la *propriété* des biens héréditaires. Le suffrage de Pothier pourrait être étayé sur ce point de celui d'autres autorités imposantes de notre ancien droit. Charondas notamment interprète ainsi notre maxime : « Le » mort saisit le vif, c'est-à-dire le rend et le fait possesseur ». Et Tiraqueau, de son côté, la paraphrase en ces termes : « *Mortuus facit vivum possessorem sine ulla apprehensione* ».

Tel était dans notre ancien droit le sens de la maxime précitée; tel doit être encore le sens de notre art. 724, qui n'en est que la reproduction, à cette différence près, qui d'ailleurs est dans les mots plutôt que dans les idées, que ce n'est plus aujourd'hui le mort qui saisit le vif, mais la loi. La tradition a une autorite considérable dans une matière toute traditionnelle. D'ailleurs, en nous disant que les successeurs irréguliers, qui n'ont pas la saisine, doivent se faire *envoyer en possession*, l'art. 724 laisse très clairement entendre que la saisine donne aux héritiers (légitimes ou naturels) ce que l'envoi en possession donne aux successeurs irréguliers, c'est-à-dire la possession des choses héréditaires. Bien entendu, la possession, que l'héritier acquiert ainsi de plein droit, est une possession *civile* et par suite fictive, une possession *de droit*, et non une possession *de fait*, celle-ci supposant nécessairement une appréhension matérielle.

La saisine, que l'art. 724 accorde aux héritiers, peut donc être définie : l'investiture légale et *de plein droit* de la possession des biens héréditaires au profit de l'héritier. L'héritier est de droit

1. Cette expression qui, pendant longtemps, n'a appartenu qu'à la doctrine, a passé dans les textes législatifs. V. notamment nouvel art. 767 al. 6.

possesseur de toutes les choses que possédait le défunt. Il devient ainsi apte à exercer tous les droits du défunt, c'est-à-dire à les mettre en œuvre.

La saisine héréditaire paraît en opposition avec les véritables principes qui gouvernent la possession. La possession est chose essentiellement de fait, et il est difficile de concevoir qu'elle puisse être acquise *de plein droit* sans un fait matériel d'appréhension. *Retinere enim animo possessionem possumus, adipisci non possumus*, dit le jurisconsulte Paul. Aussi ne trouve-t-on dans le droit romain, si rigoureux au point de vue de l'application des principes, presque aucune trace de l'institution de la saisine. On discute sur le point de savoir si elle a ses racines dans le droit germanique ou dans le droit féodal. Ce n'est pas la seule question qui soit obscure en cette difficile matière. Le laconisme du code civil, qui n'y consacre qu'un seul article (art. 724), est une des principales causes de cette obscurité.

31. La loi n'établit pas seulement une différence honorifique entre les héritiers et les successeurs irréguliers, en accordant aux premiers la saisine qu'elle refuse aux seconds. La saisine produit des effets considérables, qui influent gravement sur la situation de l'héritier. Voici les principaux :

1° Les héritiers (légitimes ou naturels), étant saisis de plein droit de la possession civile des biens héréditaires, peuvent appréhender ces biens de leur propre autorité : à la possession de droit, ils peuvent joindre la possession de fait, qui leur permettra d'administrer les biens héréditaires. Au contraire, les successeurs irréguliers n'ayant pas la saisine, une autorisation leur est nécessaire pour entrer de fait en possession des choses héréditaires. A qui la demanderont-ils ? L'art. 724 dit qu'ils « doivent se faire envoyer en possession par justice ».

Ainsi donc, possesseurs de droit, les héritiers légitimes ou naturels n'ont besoin d'aucune intervention étrangère pour devenir possesseurs de fait, ce qui leur permet de prendre immédiatement l'administration des biens de la succession. Au contraire, les successeurs irréguliers doivent, pour se mettre en possession de fait des biens héréditaires, demander l'envoi en possession au tribunal du lieu de l'ouverture de la succession.

2° Les héritiers peuvent intenter immédiatement les actions héréditaires actives, tant pétitoires que possessoires ; en sens inverse, on peut intenter contre eux les actions héréditaires passives, indépendamment de toute acceptation de leur part, et sauf à eux à opposer, le cas échéant, l'exception dilatoire de l'art. 174 C. pr. Au contraire, les successeurs irréguliers ne peuvent exercer ces actions et on ne peut les exercer contre eux, qu'après l'envoi en possession (v. cep. Pau, 31 mai 1889, S. 89. 2. 165) ; car, exercer les actions activement ou passivement, c'est faire acte de possession, et les successeurs irréguliers ne possèdent pas tant qu'ils n'ont pas obtenu l'envoi en possession.

* On a tort, selon nous, de rattacher à la saisine la continuation au profit de l'héritier de la prescription acquisitive qui avait commencé à courir en faveur du défunt. Ce résultat se produirait, alors même que la saisine n'existerait pas ; en effet la mort du possesseur, qui a commencé à prescrire, n'est dans notre droit ni une cause de suspension ni une cause d'interruption de la prescription. Elle n'est pas une cause de suspension, car elle ne figure pas sur la liste limitative de la loi (arg. art. 2251 s.). Elle n'est pas non plus une cause d'interruption ; en effet l'interruption est naturelle ou civile (art. 2242) ; la mort du possesseur ne pourrait amener bien évidemment qu'une interruption naturelle ; or, d'après l'art. 2243 : « Il y a interruption naturelle, lorsque le possesseur est privé, *pendant plus* » *d'un an*, de la jouissance de la chose, soit par l'ancien propriétaire, soit même par un » tiers ». Il ne suffit donc pas que le possesseur cesse de posséder ; il faut que quelqu'un possède à sa place, et possède pendant plus d'un an. Par conséquent, si l'héritier du possesseur défunt entre en possession de fait avant qu'un tiers ait acquis la possession annale, la prescription ne sera pas interrompue. Ajoutez que la rétroactivité de l'acceptation (art. 777) fera disparaître la lacune qui peut avoir existé en fait entre la possession du défunt et celle de l'héritier.

* S'il est vrai, comme nous en avons la conviction, que la continuation au profit de l'héritier de la prescription commencée par le défunt est complètement indépendante de la saisine, il en résulte cette conséquence fort importante que la prescription commencée par le défunt se continue aussi bien au profit d'un successeur irrégulier que d'un héritier légitime ou naturel. Solution éminemment rationnelle, et qu'il est bien difficile de justifier si l'on rattache à la saisine la continuation de la prescription.

* Ce que nous venons de dire de la prescription devrait être appliqué *mutatis mutandis* aux actions possessoires, qui ont pour base la possession annale.

3° La loi dit : « Les héritiers... sont saisis..., sous l'obligation » d'acquitter toutes les charges de la succession ». La saisine a donc pour conséquence d'obliger d'une manière indéfinie les héritiers au paiement de ces charges, qui comprennent principalement les dettes du défunt ; ils en sont tenus *etiam ultra vires hereditatis* : ce qui signifie qu'ils sont obligés de supporter ces charges alors même qu'elles excèdent la valeur des biens héréditaires. Ils en sont tenus non seulement sur les biens du défunt, mais aussi sur leur patrimoine personnel. L'héritier peut toutefois s'y soustraire en renonçant à la succession (arg. art. 785) ; car, si l'héritier est saisi *ignorans*, il ne l'est pas *invitus*. De plus, il peut, en acceptant sous bénéfice d'inventaire, limiter l'étendue de son obligation à la valeur des biens héréditaires qu'il recueille.

Au contraire le successeur irrégulier, n'étant pas saisi, ne peut être poursuivi à raison des dettes et charges de la succession qu'en vertu de la maxime *Bona non sunt nisi deducto ære alieno*, et par suite jusqu'à concurrence seulement de la valeur de ces biens, *intra vires hereditatis*, sans avoir besoin pour obtenir ce résultat d'accepter sous bénéfice d'inventaire. Ce point cependant est contesté.

. . . .

. . . .

SECTION VI

DES SUCCESSIONS DÉFÉRÉES AUX ENFANTS NATURELS [LÉGALEMENT RECONNUS] ET DES DROITS DE LEURS PÈRE ET MÈRE DANS LEUR SUCCESSION

100. Cette section a été créée par la loi du 25 mars 1896. Elle comprend les nouveaux art. 756 à 765. Dans le code civil de 1804, les articles correspondants composaient, avec l'art. 766, la section première du chapitre IV consacré aux *successions irrégulières*.

101. Le titre même de la section nous fournit la division à adopter pour l'explication des matières qui y sont traitées. Dans un premier paragraphe précédé d'un historique, nous parlerons du droit de succession accordé aux enfants naturels dans la succession de leurs père et mère ; dans un second, du droit accordé aux père et mère dans la succession de leur enfant. Au premier cas c'est un enfant naturel qui hérite, au second c'est de lui qu'on hérite.

§ I. *Des droits des enfants naturels ou illégitimes dans la succession de leurs père et mère.*

102. Historique. — A part de très rares exceptions, on tenait pour principe, dans notre ancienne jurisprudence, tant en pays de droit écrit qu'en pays de coutume, que « enfants bastards ne succèdent ». Les bâtards n'avaient droit qu'à des aliments. On désignait d'ailleurs sous ce nom tous les enfants nés hors mariage, y compris les enfants adultérins et incestueux.

Notre droit intermédiaire se jeta dans un excès opposé. L'ivresse de l'égalité fit admettre une assimilation presque complète des bâtards aux enfants légitimes ; l'art. 2 de la loi du 12 brumaire an II portait : « Leurs droits de successibilité seront les mêmes que ceux des autres enfants ». Cette règle ne souffrait exception que pour les enfants adultérins, au sujet desquels l'art. 13 de la loi précitée disposait : « Il sera accordé aux enfants adultérins, à titre d'aliments, le tiers en propriété de la portion à laquelle ils auraient eu droit s'ils étaient nés dans le mariage ». C'est précisément la part que l'ancien art. 757 C. civ. accordait aux enfants naturels simples en concours avec des descendants légitimes.

Chabot dit, dans l'exposé de motifs, que le code civil a pris à l'égard des enfants naturels un juste milieu entre la rigueur excessive de notre ancien droit, qui leur accordait à peine un morceau de pain sur la succession de leurs parents, et les faveurs scandaleuses du droit intermédiaire, qui les assimilait ou à peu près aux enfants légitimes. Cette opinion de Chabot n'a pas été ratifiée par la postérité. Un mouvement s'est formé dans l'opinion publique en faveur des enfants naturels. On s'accordait à reconnaître que le code civil s'était montré trop dur à leur égard. Une réforme s'imposait; on ne discutait que sur le point de savoir quelle étendue il fallait donner à cette réforme. Devait-on, comme le voulaient quelques-uns, assimiler complètement, quant à leurs droits dans la succession paternelle, les enfants naturels aux enfants légitimes, sous prétexte que les enfants naturels ne sont pas responsables de l'irrégularité de leur origine? Mais, en admettant cette assimilation, on affaiblissait singulièrement l'institution du mariage, sur laquelle est basée notre société moderne. L'union libre sera bien près de supplanter le mariage le jour où les enfants auxquels ces unions donnent naissance recevront de la loi la même protection que les enfants nés du mariage. Sans compter que l'équité, qui assimile, dans le partage de la succession paternelle, les enfants naturels aux enfants légitimes, n'est souvent qu'une équité apparente. Est-il juste, par exemple, que l'enfant naturel ait dans la succession paternelle la même part que l'enfant légitime, sur la fortune que le père commun a pu réaliser grâce à la dot de l'épouse légitime? ou sur les biens que ce père doit au jeu des conventions matrimoniales faites avec cette même épouse? Aussi l'opinion qui a prévalu a-t-elle repoussé l'assimilation complète des enfants naturels aux enfants légitimes. La loi du 25 mars 1896, qui est le reflet de cette opinion, a seulement, tout en maintenant l'inégalité établie par le code civil, augmenté d'une manière sensible la part héréditaire de l'enfant naturel dans la succession paternelle. Elle a en outre consacré, au profit de ces mêmes enfants naturels, un droit de réserve plus étendu que celui que leur accordait la jurisprudence sous le code civil. Nous savons que cette même loi assimile complètement, sous un autre aspect, les enfants naturels aux enfants légitimes, en leur accordant le titre d'héritier que leur refusait le code civil (nouvel art. 756 *in fine*) et la saisine qui y est attachée (nouvel art. 724 et *supra*, n. 29 s.). Nous n'avons à nous occuper pour le moment que du droit héréditaire de l'enfant illégitime dans la succession paternelle ou maternelle.

103. D'après la loi précitée du 25 mars 1896, les droits des enfants illégitimes dans la succession paternelle ou maternelle varient, suivant qu'il s'agit d'enfants naturels simples ou d'enfants adultérins ou incestueux.

N° 1. **Enfants naturels simples.**

104. Sous la nouvelle législation, comme sous l'ancienne, les enfants naturels simples n'ont de droits dans la succession de leurs père et mère qu'autant qu'ils ont été *légalement reconnus* (art. 756), ce qui a lieu lorsqu'ils ont été l'objet d'une reconnaissance soit volontaire, soit judiciaire. Cette reconnaissance n'établissant de lien qu'entre celui qui en est l'auteur et l'enfant reconnu, il allait de soi qu'elle ne conférerait à l'enfant aucun droit sur la succession des parents de ses père et mère. L'enfant naturel reconnu n'entre pas dans la famille de son père ou de sa mère.

105. Tout ce que nous venons de dire résulte des nouveaux art. 756 et 757 (L. 25 mars 1896) ainsi conçus :

Art. 756. *La loi n'accorde de droits aux enfants naturels sur les biens de leur père ou mère décédés que lorsqu'ils ont été légalemetn reconnus. Les enfants naturels légalement reconnus sont appelés en qualité d'héritiers à la succession de leur père ou de leur mère décédés*. Cpr. *supra*, n. 29.

Art. 757. *La loi n'accorde aucun droit aux enfants naturels sur les biens des parents de leur père ou de leur mère.*

106. Dans la première pensée des auteurs du code civil, l'enfant naturel ne devait avoir qu'un droit de créance, un simple *jus ad rem* dans la succession de ses père et mère. Mais finalement le législateur de 1804 lui accorda un droit réel, un *jus in re*, comme aux héritiers légitimes, un véritable droit de *succession*, en un mot. Cette pensée apparaissait clairement dans l'art. 711 qui dispose que : « La propriété des biens s'acquiert et se transmet par *succession* », sans distinguer entre les successions irrégulières et les successions régulières. *Adde* arg. anc. art. 757 et 758. Ce point était considéré comme constant tant en jurisprudence qu'en doctrine. L'enfant naturel devenait donc, pour la quote-part que la loi lui attribuait, propriétaire des biens héréditaires. D'où il suit notamment : que l'enfant naturel pouvait demander sa part des biens héréditaires *en nature* ; qu'il pouvait provoquer le partage (arg. art. 815) et assister à toutes les opérations qu'il entraine ; enfin qu'il avait le droit de contraindre au rapport les héritiers légitimes avec lesquels il concourait (arg. art. 857), de profiter de l'accroissement (arg. art. 786) et d'exercer, le cas échéant, le retrait successoral (arg. art. 841). Aujourd'hui il n'est plus douteux que ces divers droits appartiennent à l'enfant naturel puisque la loi nouvelle le déclare héritier.

I. *Montant du droit héréditaire de l'enfant naturel.*

107. Nous mettons en regard les anciens art. 757 et 758 C. civ., et les nouveaux art. 758, 759 et 760. La simple comparaison montrera que les droits des enfants naturels dans la succession paternelle ont été sensiblement augmentés par le législateur de 1896.

Anciens textes.	*Nouveaux textes.*
Art. 757. *Le droit de l'enfant naturel sur les biens de ses père ou mère décédés, est*	Art. 758. *Le droit héréditaire de l'enfant naturel dans la succession de ses père ou*

réglé ainsi qu'il suit : — Si le père ou la mère a laissé des descendants légitimes, ce droit est d'un tiers de la portion héréditaire que l'enfant naturel aurait eue s'il eût été légitime ; il est de la moitié lorsque les père ou mère ne laissent pas de descendants, mais bien des ascendants ou des frères ou sœurs ; il est des trois quarts lorsque les père ou mère ne laissent ni descendants ni ascendants, ni frères ni sœurs.

ART. 758. *L'enfant naturel a droit à la totalité des biens, lorsque ses père ou mère ne laissent pas de parents au degré successible.*

mère est fixé ainsi qu'il suit : — Si le père ou la mère a laissé des descendants légitimes, ce droit est de la moitié de la portion héréditaire qu'il aurait eue s'il eût été légitime.

ART. 759. *Le droit est des trois quarts, lorsque les père ou mère ne laissent pas de descendants, mais bien des ascendants ou des frères ou sœurs ou des descendants légitimes de frères ou sœurs.*

ART. 760. *L'enfant naturel a droit à la totalité des biens lorsque ses père ou mère ne laissent ni descendants ni ascendants, ni frères ou sœurs, ni descendants légitimes de frères ou sœurs.*

108. Ces textes distinguent trois hypothèses : 1° celle où l'enfant naturel se trouve en concours avec des enfants légitimes ; 2° celle où le défunt n'a pas laissé d'enfants légitimes, mais bien des ascendants, ou des collatéraux privilégiés ; 3° le cas où le défunt ne laisse ni descendants ni ascendants ni collatéraux privilégiés.

Remarquons tout de suite que le mot *laisse*, dans nos textes, est synonyme de *laisse comme héritiers*. Il ne faut donc pas avoir égard aux héritiers renonçants ou indignes : on les traite comme s'ils n'existaient pas.

109. PREMIÈRE HYPOTHÈSE. L'enfant naturel se trouve en concours avec un ou plusieurs enfants ou descendants légitimes du défunt. Sa part dans la succession est de la moitié [1] de celle qu'il aurait eue s'il eût été légitime (nouvel art. 758 al. 2). Il faut donc supposer un instant l'enfant naturel légitime, rechercher quelle part il aurait eue dans cette supposition et lui en donner finalement la moitié.

Ainsi le défunt laisse un enfant légitime et un enfant naturel. Si l'enfant naturel eût été légitime, il y aurait eu deux enfants légitimes appelés à la succession paternelle, et la part de chacun eût été de la moitié. Une moitié de la succession, voilà donc la part que

1. L'ancien art. 757 du code civil ne lui accordait que le tiers.

l'enfant naturel aurait eu s'il eût été légitime. Il aura droit, d'après notre article, à une moitié de cette moitié, soit un quart de la succession ; le reste appartiendra à l'enfant légitime.

On trouverait par un calcul analogue qu'un enfant naturel, en présence de deux enfants légitimes, aurait droit à un sixième de la succession, soit la moitié du tiers qui lui serait revenu s'il eût été légitime. En présence de trois enfants légitimes, un enfant naturel aurait droit à un huitième (moitié du quart qu'il aurait s'il était légitime) et ainsi de suite.

110. Les descendants d'enfants légitimes prédécédés, venant par représentation de leur père, ne comptent que pour la tête de celui-ci dans le calcul de la part de l'enfant naturel. Ainsi, en présence d'un enfant légitime du défunt, et de trois petits-fils issus d'un autre fils prédécédé et venant par représentation de leur père, la part de l'enfant naturel sera la même qu'en présence de deux enfants légitimes, soit un sixième de la succession.

Supposons que l'enfant naturel se trouve en concours avec les descendants d'un fils unique du défunt, qui est renonçant ou indigne. En pareil cas, si l'enfant naturel eût été légitime, il aurait eu droit à toute la succession, excluant les petits-enfants qui ne peuvent pas monter dans le degré de leur père par la représentation (arg. art. 744); c'est donc la moitié de la succession tout entière qui lui revient.

On trouverait de même que l'enfant naturel, qui rencontre en face de lui un fils du défunt et des descendants d'un autre fils renonçant ou indigne, a droit à un quart de la succession, comme si le défunt n'avait laissé qu'un seul enfant (arg. art. 744).

111. Jusqu'ici nous avons supposé un seul enfant naturel venant en concours avec un ou plusieurs descendants légitimes. Que décider, s'il y a plusieurs enfants naturels ? Il faut supposer pour un moment que tous les enfants naturels sont légitimes *collectivement*, voir ce qui serait revenu à chacun d'eux dans cette hypothèse, et lui attribuer définitivement la moitié de la portion ainsi calculée. Par exemple le défunt laisse un enfant légitime et deux enfants naturels. Si chaque enfant naturel eût été légitime, il y aurait eu trois enfants légitimes venant concurremment à la succession, et chacun aurait pris le tiers. Un tiers, voilà donc ce que chaque enfant naturel aurait eu s'il eût été légitime. Il faut par conséquent leur donner à chacun la moitié de ce tiers, soit un sixième, et il restera quatre sixièmes pour l'enfant légitime. On trouverait de même que trois enfants naturels, en présence de deux enfants légitimes, auraient droit chacun à un dixième, et chaque enfant légitime à la moitié des sept dixièmes restants, soit sept vingtièmes pour chacun.

La question était controversée sous l'empire du code civil. La jurisprudence avait toujours résolu la question dans le sens que nous venons d'indiquer, et tel était aussi l'avis de la majorité des auteurs. Il résulte très formellement des explications qui ont été données lors de la confection de la loi de 1896, que c'est le système admis par la jurisprudence que l'on a entendu consacrer. L'examen des opinions dissidentes qui s'étaient produites sous l'empire du code civil n'offrirait donc plus aujourd'hui qu'un intérêt rétrospectif. Ces opinions avaient toutes le même point de départ : au lieu de considérer les enfants naturels comme légitimes *collectivement*, ainsi qu'on le fait dans le système que nous venons de développer, elles les considéraient comme légitimes *successivement*. Mais, d'accord sur ce premier point, les dissidents cessaient ensuite de s'entendre. Inutile d'insister : la controverse est éteinte.

112. On peut remarquer que, lorsqu'il y a concours d'un ou plusieurs enfants naturels avec un ou plusieurs enfants légitimes, le rapport entre la part de chaque enfant naturel et la part de chaque enfant légitime est loin d'être constant. Ainsi, au cas de concours d'un enfant naturel avec un enfant légitime, ce rapport est de 1 à 4. Il est de 2 à 5, au cas de concours d'un enfant naturel avec deux enfants légitimes, l'enfant naturel prenant 2/12 et chaque enfant légitime 5/12. Si nous avons deux enfants naturels en présence de deux enfants légitimes, le rapport n'est plus que de 1 à 3...

De ces variantes on n'aperçoit aucune bonne raison. Aussi regrettons-nous qu'il n'ait pas été donné suite à la proposition de la chambre des députés, d'après laquelle la part de l'enfant naturel devait toujours être égale à la moitié de la part de l'enfant légitime. Le rapport entre la part de l'enfant naturel et celle de l'enfant légitime était ainsi uniformément de 1 à 2. Pour cela on comptait chaque enfant naturel pour un, chaque enfant légitime pour deux, et, dans le total ainsi obtenu, on donnait une part à chaque enfant naturel et deux à chaque enfant légitime. Ainsi, deux enfants naturels se trouvant en présence de trois enfants légitimes, on aurait dit : En ajoutant aux deux unités qui représentent le nombre des enfants naturels, le double des unités qui représentent le nombre des enfants légitimes, on obtient $2 + 6 = 8$. A chaque enfant naturel on donnera 1/8, et à chaque enfant légitime 2/8.

113. Deuxième hypothèse. L'enfant naturel se trouve en concours avec des ascendants du défunt ou des collatéraux privilégiés (frères et sœurs ou descendants d'eux [1]). D'après le nouvel art. 759, l'enfant naturel a droit aux trois quarts [2] de ce qu'il aurait eu s'il eût été légitime, par conséquent aux trois quarts de la succession tout entière, car si l'enfant naturel eût été légitime il aurait exclu complètement les ascendants, et les collatéraux privilégiés. Le quart restant sera attribué aux ascendants, ou aux collatéraux privilégiés, d'après les mêmes règles que leur aurait été attribuée la succession tout entière en l'absence de l'enfant naturel. Ainsi, si le défunt laisse son père, sa mère, un frère et un enfant naturel, le quart de la succession, que ne prend pas l'enfant naturel, sera

1. Une controverse s'était élevée, sous l'empire de l'ancien art. 757, sur le point de savoir si les descendants de frères et sœurs devaient être traités comme les frères et sœurs eux-mêmes, et réduire ainsi l'enfant naturel à la moitié de la succession, ou s'ils devaient être assimilés aux collatéraux ordinaires, l'enfant naturel prenant les trois quarts de la succession. Les nouveaux art. 759 et 760 ont résolu la question dans le sens de l'assimilation, conformément à l'opinion généralement suivie dans la doctrine et contrairement à la jurisprudence de la cour de cassation.

2. Le code civil ne lui accordait que la moitié.

réparti entre les autres héritiers de la manière suivante : une moitié pour le frère, un quart pour chaque ascendant. Finalement, l'enfant naturel prendra les trois quarts de la succession, le frère du défunt un huitième, et chaque ascendant un demi-huitième, soit un seizième.

De même, le défunt laissant un aïeul paternel et un cousin maternel (pas de collatéraux privilégiés), le quart enlevé à l'enfant naturel se partagera par moitié entre l'ascendant paternel et le cousin maternel, conformément à l'art. 753. L'enfant naturel ne pourrait pas revendiquer la part que nous donnons au cousin maternel, sous prétexte qu'il exclut tous les collatéraux autres que les privilégiés (art. 760), car, aux termes de l'art. 759, il n'a pas droit à plus des trois quarts quand il y a un ascendant.

S'il y a plusieurs enfants naturels en présence d'ascendants ou de collatéraux privilégiés, leur part sera toujours des trois quarts. Ils se partageront cette part par portions égales.

114. L'enfant naturel étant aujourd'hui héritier se trouve soumis à l'obligation du rapport comme tout autre héritier. Arg. art. 843. Il ne pourra donc pas cumuler avec sa part héréditaire le montant des donations qui lui auraient été faites par son auteur. Ainsi un enfant naturel reconnu par son père a reçu de celui-ci, par donation entre vifs, 10.000 fr. ; le père meurt, et la part héréditaire de l'enfant, calculée d'après l'art. 758, se trouve être de 15.000 fr. L'enfant naturel n'aura droit qu'à 5.000 fr., les 10.000 fr. qu'il a reçus lui étant précomptés sur sa part, à cause de l'obligation du rapport dont il est tenu. Nous le répétons, tout cela résulte du droit commun, l'enfant naturel étant aujourd'hui héritier (art. 756 *in fine*). Un texte spécial n'était plus nécessaire, comme sous l'empire du code civil, pour imposer à l'enfant naturel l'obligation du rapport, et c'est avec raison que la loi nouvelle a fait disparaître la disposition de l'ancien art. 760.

115. L'ancien art. 761 permettait au père d'écarter son enfant naturel de sa succession en lui faisant une donation entre vifs égale à la moitié au moins de sa part héréditaire future, avec déclaration que son intention était de le réduire à ce qu'il lui avait donné. L'enfant qui avait accepté cette donation ne pouvait plus rien réclamer dans la succession de son auteur, à moins cependant que le montant de la donation ne se trouvât être inférieur à la moitié de la part héréditaire de l'enfant, auquel cas il avait le droit de réclamer le complément de cette moitié. Ainsi un père, estimant que la part de son enfant naturel dans sa succession future représenterait une somme de 20.000 francs, pouvait dire à son enfant : Je te donne 10.000 francs tout de suite, moyennant quoi tu n'auras rien à réclamer dans ma succession lorsqu'elle s'ouvrira. Le seul droit de l'enfant était alors de réclamer le complément de sa moitié, si la donation se trouvait être en fait inférieure à la moitié de sa part héréditaire. Le législateur de 1804 avait autorisé ce pacte, contrairement à la règle qui prohibe les pactes sur succession future, pour donner au père un moyen de débarrasser sa famille légitime d'un *créancier odieux*. Mais le plus souvent il arrivait que le but n'était pas atteint : l'enfant, pour molester les héritiers légitimes, ne se faisait pas faute de soutenir, quelquefois sans aucun fondement, que le montant de son don était inférieur à la moitié de sa part héréditaire, et, pour lui prouver contradictoirement le contraire, il fallait l'admettre aux opérations de la liquidation et du partage de la succession. Et puis le pacte n'avait-il pas quelque chose d'impie ? Aussi le législateur de 1896 a-t-il aboli l'art. 761, qui a peut-être soulevé plus de conflits qu'il n'en a prévenu entre enfants légitimes et enfants naturels du même père ; il est probable que nul ne le regrettera.

Et toutefois, comme il ne faut pas faire produire à la loi un effet rétroactif, même quand elle réalise une œuvre de charité, la loi de 1896 dispose dans son art. 9 al. 1, sous la rubrique *Disposition transitoire* : « *Toute réclamation sera interdite à l'enfant naturel* » *lorsqu'il aura reçu du vivant de ses père et mère, avant la date* » *de la promulgation de la présente loi, la moitié de ce qui lui est* » *attribué par les articles 758, 759, 760 et 761 précédents, avec* » *déclaration expresse de leurs père ou mère que leur intention est* » *de réduire l'enfant naturel à la portion qu'ils lui ont assignée.* » *Dans le cas où cette portion serait inférieure à la moitié de ce* » *qui devrait revenir à l'enfant naturel, il ne pourra réclamer que* » *le supplément nécessaire pour parfaire cette moitié* ».

= *la moitié de ce qui lui est attribué par les articles 758, 759, 760 et 761 précédents.* Et non la moitié de ce qui était attribué à l'enfant naturel par la législation en vigueur à l'époque de la donation, c'est-à-dire par les anciens art. 757 et 758. C'est peut-être bien une légère atteinte au principe de la non-rétroactivité des lois. Elle s'explique par la faveur dont les enfants naturels étaient l'objet dans la pensée du législateur.

Pour qu'il y ait lieu à l'application de la disposition transitoire que nous venons de rapporter, il faut que l'enfant naturel ait *reçu* une donation de son père ou de sa mère avant la date de la promulgation de la loi de 1896. Il faut donc qu'à cette époque la donation fût devenue parfaite par l'acceptation du donataire faite dans la forme légale (art. 932). On n'aura plus désormais à se poser la question, que l'on discutait autrefois, de savoir si le père peut imposer la donation réduite à son fils qui refuse de l'accepter, question que la jurisprudence, contrairement à la doctrine, avait résolue dans le sens de l'affirmative.

116. TROISIÈME HYPOTHÈSE. Les père ou mère de l'enfant naturel ne laissent ni descendants ni ascendants ni collatéraux privilégiés. Ou bien ceux qu'il laisse renoncent à la succession ou en sont écartés comme indignes. Alors la succession revient tout entière à l'enfant ou aux enfants naturels. L'ancien art. 757 ne leur donnait que les trois quarts en face de collatéraux ordinaires. L'enfant naturel exclut donc aujourd'hui non seulement le conjoint et l'Etat, comme sous l'empire du code civil de 1804, mais aussi tous les collatéraux ordinaires. En ce qui concerne le conjoint, rappelons qu'exceptionnellement l'enfant naturel est exclu par lui et par les enfants issus du mariage lorsqu'il a été reconnu pendant le mariage. C'est l'hypothèse prévue par l'art. 337.

117. Disposition commune au cas où le défunt laisse et à celui où il ne laisse pas de parents au degré successible. — « *En* » *cas de prédécès des enfants naturels, leurs enfants et descendants* » *peuvent réclamer les droits fixés par les articles précédents* » (nouvel art. 761). Ainsi, des deux enfants naturels reconnus qu'avait le défunt, l'un est prédécédé laissant deux enfants légitimes : ces derniers viendront, *par représentation de leur père*, prendre la portion qui aurait été dévolue à celui-ci, concurremment avec l'enfant naturel survivant.

* Nous avons vu (*supra* n. 69) que, pour venir à une succession par représentation, il faut avoir l'aptitude personnelle requise pour y arriver de son propre chef ; car, en définitive, c'est le représentant qui hérite. En appelant les descendants de l'enfant naturel prédécédé à représenter celui-ci, la loi leur reconnait donc implicitement l'aptitude personnelle à succéder au défunt. Ce point a été contesté à tort. De là il résulte que les descendants d'un enfant naturel indigne ou renonçant peuvent venir de leur chef à la succession du défunt, à supposer que leur degré leur permette d'arriver en ordre utile. Ainsi, à défaut de parents au degré successible, l'enfant légitime de l'unique fils naturel laissé par le *de cujus* pourrait, au cas de renonciation de son père, recueillir toute la succession à l'exclusion du conjoint survivant. Mais le fils d'un enfant naturel renonçant ne pourrait pas concourir avec un autre enfant naturel qui accepterait la succession (arg. art. 744). De même les descendants d'un fils naturel renonçant ne pourraient pas concourir avec les enfants légitimes du défunt : ceux-ci, excluant les descendants d'un fils légitime renonçant, excluent à plus forte raison les descendants d'un fils naturel renonçant.

L'art. 761 n'est écrit qu'en vue des descendants *légitimes* de l'enfant naturel prédécédé ; ses enfants *naturels* n'auraient donc, ni de leur chef ni par représentation, aucun droit sur la succession du père de leur père. C'est ce qui résulte du nouvel art. 757, aux termes duquel : « *La loi n'accorde aucun droit aux enfants naturels sur les biens des parents* » *de leur père ou de leur mère* ». Ce texte, qui ferait certainement obstacle à ce que les enfants naturels d'un enfant *légitime* vinssent réclamer un droit dans la succession du père de leur père, peut être opposé à plus forte raison aux enfants naturels d'un enfant *naturel*.

N° 2. **Enfants adultérins ou incestueux.**

118. Le législateur de 1896 a laissé subsister à peu près intactes les dispositions des art. 762, 763 et 764 du code civil de 1804.

Aux termes de l'art. 762 : « *Les dispositions des articles 756, 758, » 759 et 760 ne sont pas applicables aux enfants adultérins ou » incestueux. — La loi ne leur accorde que des aliments* ». Tel est le seul droit que notre loi attribue aux enfants du crime sur la succession de leurs parents.

Mais, pour qu'un enfant adultérin ou incestueux puisse venir réclamer des aliments sur la succession de son père ou de sa mère, il faut évidemment qu'il prouve sa filiation par rapport au défunt; or l'art. 335 paraît rendre cette preuve impossible, puisqu'il prohibe la reconnaissance des enfants adultérins ou incestueux, et il semble ainsi y avoir antinomie entre les art. 335 et 762. Cette difficulté a été examinée t. I, n. 900 *bis*. Nous avons vu qu'il existe des cas où la filiation, soit adultérine soit incestueuse, se trouve constatée par la force même des choses. C'est alors que l'enfant adultérin ou incestueux pourra réclamer des aliments.

119. La loi n'accordant à l'enfant adultérin ou incestueux que des aliments sur la succession de ses parents, il en résulte : 1° que toute donation, faite à un enfant adultérin ou incestueux par son père ou par sa mère, serait nulle en tant qu'elle excéderait les limites d'une disposition alimentaire (arg. art. 908 al. fin.) ; 2° que l'enfant adultérin ou incestueux serait exclu de la succession de son auteur même par l'Etat : rigueur excessive que l'on élude en pratique par mille moyens.

120. Règlement de la pension alimentaire. — « *Ces aliments » sont réglés eu égard aux facultés du père et de la mère, au nom- » bre et à la qualité des héritiers légitimes* » (art. 763).

Le mot *légitimes* qui termine l'article aurait dû être supprimé ; car il est clair qu'il y a lieu de tenir compte, pour régler les aliments, du nombre et de la qualité des successeurs quels qu'ils soient, irréguliers ou légitimes. Il est clair aussi qu'on devrait avoir égard pour ce règlement aux besoins du réclamant, qui peuvent varier à l'infini suivant son âge, son état de santé, sa condition sociale, etc. En un mot, les aliments dus à l'enfant adultérin ou incestueux doivent être réglés conformément à l'art. 208, dont l'art. 763 n'est qu'une reproduction incomplète.

Si le père ou la mère ont acquitté pendant leur vie, et d'une manière définitive, c'est-à-dire tant pour l'avenir que dans le présent, la dette d'aliments que la loi met à leur charge, leur succession en sera dégrevée. « *Lorsque le père ou la mère de l'enfant » adultérin ou incestueux lui auront fait apprendre un art méca- » nique, ou lorsque l'un d'eux lui aura assuré des aliments de son » vivant, l'enfant ne pourra élever aucune réclamation contre leur » succession* » (art. 764).

Voici probablement le motif qui a porté le législateur à s'expliquer sur ce point. Il y mille manières d'assurer des aliments à un enfant, parce qu'il y a mille manières de vivr

Le père adultérin ou incestueux, qui occupe une haute situation sociale, sera-t-il quitte envers son enfant en le mettant à même de gagner sa vie par les moyens les plus vulgaires, en lui faisant apprendre un art mécanique, par exemple ? Dans le silence de la loi, on aurait probablement répondu que les parents adultérins ou incestueux doivent mettre leurs enfants à même de vivre dans le monde où ils vivent eux-mêmes. Mais c'eût été faire trop d'honneur aux fruits du crime ; il faut qu'ils soient punis pour la faute de leurs parents ! Ceux-ci seront quittes à l'égard de l'enfant en lui faisant apprendre un *art mécanique*, et leur succession également ! Ainsi l'a voulu le législateur, et il a bien fait de le dire, parce qu'on aurait pu ne pas lui prêter une telle intention.

Et remarquez qu'il suffit que l'un des auteurs de l'enfant lui ait assuré des aliments pendant sa vie, pour que l'autre et sa succession soient déchargés de toute obligation de ce chef : ce qui d'ailleurs s'explique facilement par cette considération que l'enfant n'a droit qu'à des aliments, et que, pour pouvoir en réclamer, il faut être dans le besoin.

* On enseigne généralement que les aliments, qui peuvent être dus aux enfants adultérins ou incestueux, sont réglés d'une manière définitive, une fois pour toutes, lors de la liquidation de la succession de leurs auteurs, et sauf à tenir compte dans ce règlement des éventualités de l'avenir. C'est du moins ce que l'on peut induire de nos articles, qui mettent la dette alimentaire à la charge *de la succession*, et non à la charge des héritiers (argument de ces mots de l'art. 764 : « l'enfant ne pourra élever aucune réclamation contre *leur succession* »), semblant accorder ainsi à l'enfant une sorte de droit héréditaire restreint à des aliments. Il paraît conforme au vœu de la loi d'attribuer à l'enfant un capital qui, placé à rente viagère sur sa tête, puisse lui donner des ressources suffisantes pour vivre : remarquez que nos articles ne parlent jamais de *pension alimentaire*. On évitera ainsi les points de contact fréquents que la constitution d'une rente viagère à la charge de la succession établirait entre les héritiers légitimes et l'enfant adultérin ou incestueux.

§ II. *Des droits accordés aux père et mère dans la succession de leur enfant.*

121. Un enfant illégitime vient à mourir. Par qui sera recueillie sa succession ?

122. S'il s'agit d'un enfant adultérin ou incestueux, la liste des héritiers qui pourront être appelés à sa succession est courte. Il ne peut être question de ses ascendants, même de son père et de sa mère, car la loi prohibe la reconnaissance de la filiation adultérine ou incestueuse (art. 335), et d'ailleurs à supposer que cette filiation fût légalement constatée dans l'un des cas exceptionnels que nous avons indiqués, t. I, n. 900 *bis*, aucun texte n'appelle les père et mère adultérins ou incestueux à la succession de leurs enfants, l'art. 765 visant seulement les père et mère naturels simples, ainsi que cela résulte des mots *qui l'a reconnu*. Il ne peut être question non plus des collatéraux de l'enfant : comment pourrait-il en avoir au point de vue légal, puisque légalement il n'a pas de père ni de mère ? Les seuls héritiers qui puissent prétendre à sa succession sont donc : 1° ses descendants, légitimes ou naturels, qui seraient appelés suivant les règles du droit commun ; 2° à défaut de descendants, son conjoint ; 3° à défaut de conjoint, l'Etat.

122 *bis*. Venons au cas où le défunt est un enfant naturel simple. Sa descendance légitime ou naturelle serait appelée en première ligne à recueillir sa succession, d'après les règles du droit commun, qui recevraient de tous points leur application. La loi n'organise ici que le droit de succession des père et mère naturels, devenus aujourd'hui héritiers (*supra*, n. 29-2), de successeurs irréguliers qu'ils étaient autrefois. Dans le chapitre suivant (chapitre IV), elle nous parle des frères et sœurs naturels, qui restent comme auparavant des successeurs irréguliers, puis du conjoint survivant et de l'Etat, successeurs irréguliers également. Ce qu'elle dit au sujet de ces deux dernières classes d'héritiers reçoit sans distinction son application quelle que soit la qualité du défunt, qu'il fût enfant légitime ou illégitime.

123. Aux termes du nouvel art. 765, qui se borne à peu près à reproduire l'ancien : « *La succession de l'enfant naturel décédé* » *sans postérité est dévolue au père ou à la mère qui l'a reconnu,* » *ou, par moitié, à tous les deux s'il a été reconnu par les deux* ».

Sans postérité. L'existence d'une postérité — légitime ou naturelle, car la loi ne distingue pas — mettrait obstacle au droit du père ou de la mère. D'ailleurs, le père ou la mère ne peut prétendre aucun droit à la succession de l'enfant qu'autant qu'il est légalement connu, ce qui peut avoir lieu par une reconnaissance forcée aussi bien que par une reconnaissance volontaire.

Les autres ascendants de l'enfant naturel ne peuvent venir en aucun cas à la succession de celui-ci. Arg. nouv. art. 757.

CHAPITRE IV

DES SUCCESSIONS IRRÉGULIÈRES

124. D'après le code civil, toute succession déférée à un titre autre que celui de la parenté légitime était une succession irrégulière. Etaient donc successeurs irréguliers : les enfants naturels, les père et mère naturels, les frères et sœurs naturels, le conjoint survivant et l'Etat. Nous avons déjà dit que la loi du 25 mars 1896 avait fait passer les enfants naturels et les père et mère naturels dans la catégorie des héritiers légitimes. La catégorie des successeurs irréguliers ne comprend donc plus aujourd'hui que les frères et sœurs naturels, le conjoint survivant et l'Etat. La loi parle des frères et sœurs naturels dans la première section de ce chapitre, du conjoint survivant et de l'Etat dans la seconde.

SECTION PREMIÈRE

DES DROITS DES FRÈRES ET SŒURS SUR LES BIENS DES ENFANTS NATURELS.

125. Aux termes du nouvel art. 766, qui reproduit presque littéralement l'ancien, sauf l'addition des mots *sans postérité :* « *En » cas de prédécès des père et mère de l'enfant naturel décédé sans » postérité, les biens qu'il en avait reçus passent aux frères et sœurs » légitimes, s'ils se retrouvent en nature dans la succession ; les » actions en reprises, s'il en existe, ou le prix des biens aliénés » s'il est encore dû, retournent également aux frères et sœurs légi» times. Tous les autres biens passent aux frères et sœurs naturels » ou à leurs descendants* ».

. . . .

. . . .

137 à **139**. Les enfants naturels étant aujourd'hui héritiers et investis à ce titre de la saisine comme les autres héritiers, il n'y avait plus aucun motif pour les astreindre à l'obligation de demander la délivrance ou l'envoi en possession et aux autres obligations légales édictées par les art. 769 à 772. De là l'abrogation de l'art. 773 (L. 25 mars 1896, art. 7).

Quant aux père et mère naturels, s'il est vrai, comme nous le pensons, qu'ils aient le titre d'héritier et la saisine qui y est attachée, il est incontestable qu'ils ne sont pas obligés de demander l'envoi en possession.

Nous en dirions autrement des frères et sœurs naturels. Dans notre opinion ils ne sont pas héritiers, mais seulement successeurs irréguliers et sont privés de la saisine. A ce titre ils doivent demander l'envoi en possession, l'art. 724 paraissant imposer cette obligation à tous ceux qui n'ont pas la saisine.

. . . .

. . . .

2° Incapacité des enfants illégitimes à l'égard de leurs auteurs.

a. Enfants naturels simples.

387. Après avoir assigné dans la succession paternelle une maigre part héréditaire à l'enfant naturel reconnu (anc. art. 757), le législateur du code civil s'était efforcé d'assurer l'efficacité de son œuvre en interdisant au père d'améliorer la situation de son enfant par le moyen de donations entre vifs ou testamentaires. De là l'art. 908 (ancien) : *Les enfants naturels ne pourront, par dona» tions entre vifs ou par testament, rien recevoir au delà de ce qui » leur est accordé au titre* des Successions ». Et l'art. 760 imposait à l'enfant naturel l'obligation d'imputer sur sa part héréditaire toutes les donations entre vifs ou testamentaires qu'il avait pu recevoir de son auteur. Il ne pouvoit pas être dispensé de cette imputation.

Il résultait de ces deux textes combinés que les donations entre vifs ou testamentaires, faites à un enfant naturel reconnu, par son père ou par sa mère, n'étaient valables que dans les limites du droit héréditaire de l'enfant. Si elles excédaient ces limites, il y avait lieu à réduction. L'enfant naturel reconnu ne pouvait donc pas cumuler les avantages qui lui avaient été faits par un de ses auteurs, sous forme de donations, avec sa part dans la succession de cet auteur. On lui imposait en effet l'obligation d'*imputer*, c'est-à-dire de *précompter* ces donations sur sa part héréditaire. Ainsi, en supposant qu'un enfant naturel reconnu par son père eût reçu de celui-ci par donation entre vifs 10.000 fr., que le père vînt à mourir et que la part héréditaire de l'enfant dans sa succession, calculée d'après l'ancien art. 757, se trouvât être de 15.000 fr., l'enfant devait imputer les 10.000 fr. par lui reçus, sur les 15.000 fr. auxquels il avait droit, et ne pouvait réclamer que la différence, soit 5.000 fr. Si, dans la même hypothèse, la part héréditaire de l'enfant se trouvait n'être que de 8.000 fr., l'enfant devait restituer 2.000 fr., somme égale à l'excédent de la donation sur sa part héréditaire.

En somme, le code civil disait : L'enfant naturel reconnu aura, dans la succession de son père ou de sa mère, une part réduite, égale à une fraction seulement de la part qu'il aurait eue s'il eût été légitime. L'honneur du mariage exige qu'il soit fait à l'enfant naturel reconnu une situation inférieure à celle de l'enfant légitime. Et, pour que cette disposition de la loi ne devienne pas lettre morte, pour que le père ne puisse pas l'éluder par un moyen qui s'offrira naturellement à son esprit, les donations entre vifs ou testamentaires faites à l'enfant par son auteur seront inefficaces, en tant qu'elles excéderaient la part héréditaire de l'enfant.

387-*1*. Mais il arriva qu'à défaut de ce moyen de tourner la loi, les père et mère naturels en trouvèrent un autre. Il consistait à ne pas reconnaître l'enfant naturel, ce qui permettait de disposer à son profit dans les limites de la quotité disponible. Ainsi un homme ayant un fils légitime et un fils naturel ne reconnaissait pas ce dernier et lui donnait par testament sa quotité disponible égale à la moitié de ses biens ; les deux enfants prenaient part égale dans la succession paternelle.

On vit donc, sous le régime du code civil, le nombre des reconnaissances d'enfants naturels diminuer sensiblement. C'était un mal, car en principe il est de l'intérêt des enfants naturels d'être reconnus : la reconnaissance en effet leur donne quelque chose de plus précieux que des droits de succession, elle leur donne un nom et un état. C'est pour remédier à ce mal que le législateur de 1896 est intervenu. La question est de savoir si le remède qu'il a imaginé n'est pas pire que le mal. Peut-être le nouveau système augmentera-t-il le nombre des reconnaissances, mais il diminuera le nombre des légitimations ! C'est ce qui apparaîtra par l'étude que nous allons en faire.

387-2. Le nouvel art. 908 porte : « *Les enfants naturels légalement reconnus ne pourront rien recevoir par donation entre vifs au delà de ce qui leur est accordé au titre des successions. Cette incapacité ne pourra être invoquée que par les descendants du donateur, par ses ascendants, par ses frères et sœurs et les descendants légitimes de ses frères et sœurs. — Le père ou la mère qui les ont reconnus pourront leur léguer* [par préciput et hors part] *tout ou partie de la quotité disponible, sans toutefois qu'en aucun cas, lorsqu'ils se trouvent en concours avec des descendants légitimes, un enfant naturel puisse recevoir plus qu'une part d'enfant légitime le moins prenant* ».

Ainsi les père et mère naturels ne pourront pas par donation entre vifs améliorer la situation que la loi fait à leur enfant dans leur succession. Une donation, même faite par préciput et hors part, ne permettra pas à l'enfant d'obtenir plus que la loi ne lui attribue dans la succession paternelle ou maternelle. La donation sera inefficace en tant qu'elle excédera la part héréditaire de l'enfant. Mais ce que la loi défend au père de faire par donation entre vifs, elle lui permet de le faire par testament. Au moyen d'un legs fait par préciput et hors part, le père pourra laisser à son fils plus que sa part héréditaire telle qu'elle est fixée par la loi, cela sous une double restriction. La première consiste en ce que l'enfant naturel ne peut, en aucun cas, lorsqu'il se trouve en concours avec des descendants légitimes, recevoir plus qu'une part d'enfant légitime le moins prenant (nouvel art. 908 al. 2) : ce qui signifie que, si l'un des enfants légitimes a été avantagé par le père, l'enfant naturel ne pourra pas recevoir autant que lui ; sa part pourra être égale tout au plus à celle de l'enfant légitime qui reçoit le moins. Voici maintenant la seconde restriction : le legs fait par préciput à l'enfant naturel ne peut pas excéder la quotité disponible. Mais le père peut lui donner cette quotité disponible tout entière. L'enfant naturel peut donc recevoir par testament l'hérédité tout entière, s'il ne se trouve en concours qu'avec des frères et sœurs ou descendants de ceux-ci, ou à plus forte raison avec le conjoint survivant, car ces héritiers ne sont pas réservataires, et, s'il trouve en face de lui des ascendants, il peut recevoir les sept huitièmes de la succession, la réserve des ascendants étant limitée dans cette hypothèse à un huitième (nouvel art. 915 *in fine*).

387-*3*. En résumé, la défaveur que la loi nouvelle témoigne à l'enfant naturel reconnu, en lui assignant dans la succession paternelle ou maternelle une part réduite, peut être effacée par une donation testamentaire émanée du père ou de la mère, mais non par une donation entre vifs.

La singulière différence que l'on a ainsi établie entre la donation entre vifs et la donation testamentaire est expliquée par le rapporteur de la loi à la chambre des députés, M. Jullien, dans les termes suivants : « La donation entre vifs peut être le fruit d'un mouvement spontané, irréfléchi, et ne présente aucune des garanties nécessaires en cette matière. Aussi ne saurait-elle convenir ici ; seul le testament, acte toujours révocable, manifestation, quand il reçoit son exécution, d'une volonté persévérante jusqu'à l'heure de la mort, peut remplir ce but ».

A notre avis, s'il devait y avoir ici une différence entre la donation entre vifs et le testament, il convenait plutôt de l'établir en sens inverse.

En effet le législateur a créé des garanties plus fortes contre la captation et l'irréflexion dans les donations entre vifs que dans les testaments. La donation entre vifs sera nécessairement faite devant un notaire (art. 931), dont la seule présence avertit le disposant qu'il accomplit un acte extrêmement sérieux, et qui le mettra dans une certaine mesure en garde contre les tentatives de captation dont il serait l'objet, tandis qu'un testament peut être fait par acte sous seing privé (art. 970), en l'absence de tout officier public, et est souvent arraché au testateur aux approches de la mort, à un moment où il n'a plus ni l'énergie pour se défendre ni la lucidité d'esprit pour apprécier ce qu'il fait. Sans compter qu'on donne plus volontiers par testament que par donation entre vifs, par cette raison toute simple que, par donation entre vifs, on se dépouille soi-même, tandis que, par testament, on ne dépouille que ses héritiers. Le testament semble donc ici plus dangereux que la donation. Mais enfin cela importe assez peu. Du moment que le père a un moyen de racheter la défaveur que la loi témoigne à son enfant naturel, que ce soit la donation ou le testament, on peut être sûr qu'il en usera, et la disposition de la loi deviendra lettre morte. Chose plus grave : l'intérêt que le père pouvait avoir autrefois à légitimer son enfant va être bien diminué, et le nombre des légitimations s'en ressentira.

De deux choses l'une. — Ou bien l'inégalité, que la loi établit dans la succession paternelle entre l'enfant naturel et l'enfant légitime, a sa base dans des considérations d'ordre public, et alors il faut, comme l'avait fait le législateur de 1804, ne permettre au père de rompre cette inégalité par aucun moyen. Ou bien, elle repose sur des considérations d'intérêt privé, et alors il n'y a pas de raison suffisante pour ne pas permettre au père d'y faire échec par donation entre vifs aussi bien que par testament ; il serait même préférable, dans ce système, d'admettre l'assimilation entre l'enfant naturel reconnu et l'enfant légitime, car il est puéril d'établir l'inégalité entre eux avec la quasi-certitude qu'elle sera détruite par le père auquel on en fournit les moyens. En un mot, l'assimilation *légale* des enfants naturels aux enfants légitimes serait peut-être préférable à l'assimilation *facultative*.

387-*4*. Quoi qu'il en soit, il nous faut prendre la loi telle qu'elle est.

La prohibition qu'elle édicte d'avantager l'enfant au delà de la limite légale, c'est-à-dire au delà de sa part héréditaire, par donation entre vifs, s'applique à toutes donations, de quelque nature qu'elles soient, même aux donations faites par contrat de mariage et aux dons manuels, sauf à excepter peut-être les dons dispensés par la loi du rapport par l'art.

852 ; car la disposition du nouvel art. 908, qui ne permet pas de donner à l'enfant au delà de sa part héréditaire par donation entre vifs, signifie peut-être bien tout simplement qu'une donation faite à un enfant naturel ne peut pas valablement être dispensée du rapport et ne s'applique par suite qu'aux dons soumis au rapport[1].

D'ailleurs, c'est seulement au décès du père qu'il sera possible de savoir si la donation faite par celui-ci à son enfant naturel excède la limite légale, c'est-à-dire la part de l'enfant dans la succession paternelle, car il est impossible auparavant de fixer l'importance de cette part.

387-*5*. Par quelle action l'enfant, qui a reçu une donation préciputaire excédant la valeur de sa part héréditaire, pourra-t-il être contraint de remettre l'excédent à la succession? Sous l'empire de l'ancien art. 908, la jurisprudence décidait qu'il y avait lieu de procéder par la voie de l'action en nullité, et cette solution paraît devoir encore être admise aujourd'hui, l'art. 908 nouveau rattachant sa prohibition à une incapacité, et l'art. 911 disposant que toute donation faite au profit d'un incapable est nulle. Mais la donation n'est nulle qu'en tant qu'elle excède le droit héréditaire de l'enfant naturel, car l'enfant naturel n'est incapable qu'au delà de cette limite, et par suite l'enfant naturel peut garder la donation dans la limite de son droit héréditaire.

Par qui l'action en nullité peut-elle être exercée ? La loi dit : « Cette incapacité ne pourra être invoquée que par les descendants du donateur, par ses ascendants, par ses frères et sœurs et par les descendants légitimes de ses frères et sœurs », c'est-à-dire par tous ceux qui peuvent être appelés à concourir avec l'enfant naturel dans la succession paternelle ou maternelle et qui peuvent en conséquence avoir intérêt à faire réduire la donation faite à cet enfant. Bien entendu chacune des personnes désignées ne peut intenter l'action en nullité qu'autant qu'elle se trouve appelée à la succession. Ainsi les frères et sœurs ne peuvent agir qu'à défaut de descendants venant à la succession, les ascendants autres que père et mère ne peuvent agir qu'à défaut de frères et sœurs ou descendants d'eux.

La liste légale est limitative, ainsi qu'il résulte des termes de notre disposition. L'action en nullité se trouve ainsi refusée aux autres enfants naturels, aux créanciers, au conjoint survivant et aux légataires. Elle leur est refusée dans tous les cas.

Ainsi le défunt laissant un enfant naturel, un frère et un légataire universel, celui-ci ne pourrait pas critiquer la donation entre vifs faite par le père à son enfant naturel, sous prétexte qu'elle excède la part héréditaire de l'enfant ; le frère ne pourrait pas la critiquer non plus, étant exclu par le légataire.

387-*6*. Le père, qui a fait à son enfant naturel une donation

1. Campistron, *Des droits successoraux des enfants naturels reconnus, d'après la loi du 25 mars 1896*, n. 47 s.

entre vifs excédant la limite légale, peut soustraire l'enfant à la réduction dont il est menacé en lui léguant les biens qu'il lui a donnés. L'enfant prendra comme légataire ce qui pourrait lui être enlevé comme donataire. Ce point cependant est contesté.

387-7. Nous avons supposé jusqu'ici que l'enfant naturel gratifié par son père ou par sa mère accepte la succession. Que décider s'il y renonce? Préciputaire ou non, la libéralité pourra être conservée par l'enfant jusqu'à concurrence de la quotité disponible. Arg. art. 845. Mais ce principe souffre une double restriction. D'abord l'enfant ne pourra jamais obtenir ainsi plus qu'une part d'enfant légitime le moins prenant. Arg. des mots *en aucun cas* de l'art. 908 al. 2. Ensuite, lorsque la libéralité faite à l'enfant est une donation entre vifs, l'enfant ne pourra jamais obtenir plus que sa part héréditaire ; car si le père peut, par testament, donner à son fils naturel reconnu plus que la loi n'accorde à celui-ci, il ne peut pas arriver au même résultat par une donation entre vifs.

387-8. La disposition que nous venons d'analyser semble prouver que, dans la pensée du nouveau législateur, la limitation des droits de l'enfant naturel dans la succession paternelle n'est pas fondée sur des considérations d'ordre public : car autrement l'incapacité de recevoir qui en est la conséquence engendrerait une nullité d'ordre public, une nullité absolue proposable par tous les intéressés. Par conséquent il n'y avait pas de raison pour ne pas permettre au père de faire disparaître l'inégalité légale, soit par testament, soit par donation. Le législateur eût même été plus conséquent avec lui-même en faisant disparaître toute inégalité ; car il peut paraître puéril d'établir une inégalité qu'on sait à l'avance ne pas devoir être respectée.

387-9. L'incapacité, dont la loi frappe l'enfant naturel, n'existe que par rapport à ses père et mère (art. 908), et non par rapport aux parents de ceux-ci.

* La même incapacité atteint-elle les descendants légitimes de l'enfant naturel ? Cette question reste controversée depuis la loi nouvelle comme elle l'était auparavant. Un point est certain : si l'enfant naturel est vivant, les donations faites à ses enfants par son père seront réputées faites à lui-même, et tomberont par suite sous le coup de l'art. 908; car les enfants de l'enfant naturel sont réputés de droit personnes interposées par rapport à lui (art. 911). Mais la question devient délicate, si l'enfant naturel est décédé à l'époque de la donation faite à ses enfants. On ne peut plus parler ici d'interposition de personne, la libéralité ne pouvant pas parvenir à l'enfant naturel par l'intermédiaire de ses enfants, puisqu'il est mort. Pour que l'on pût songer à critiquer la donation faite dans ces conditions aux descendants de l'enfant naturel, il faudrait qu'ils fussent personnellement incapables. La jurisprudence incline à ne pas les considérer comme tels, principalement pour ce motif que les textes qui édictent des incapacités doivent recevoir l'interprétation restrictive ; or, l'art. 908 ne parle que de l'enfant naturel; donc il n'est pas applicable à ses enfants. On objecte que le mot *enfant* comprend généralement les descendants. Cela est exact, quand il s'agit d'enfants légitimes ; mais la preuve qu'il n'en est pas de même ici, c'est qu'il a fallu un texte pour appeler les descendants de l'enfant naturel à exercer les droits de celui-ci au cas de prédécès de leur père (nouvel art. 761, reproduisant l'ancien art. 759) ; il en faudrait un également pour qu'on pût leur étendre l'incapacité dont leur père est frappé. Cass., 21 juill. 1879, S., 80, 1, 31, D., 81, 1, 348.

b. Enfants adultérins ou incestueux.

388. La situation des enfants adultérins ou incestueux reste exactement ce qu'elle était sous l'empire du code civil de 1804 [1]. En effet le nouvel art. 908 *in fine* dispose : « *Les enfants adultérins » ou incestueux ne pourront rien recevoir par donation entre vifs » ou par testament au delà de ce qui leur est accordé par les articles » 762, 763 et 764* ». Or ces articles n'accordent que des aliments aux enfants adultérins ou incestueux. Ceux-ci ne peuvent donc rien recevoir à titre gratuit au delà des aliments qui leur sont dus. Et il n'y a plus à distinguer ici, comme pour les enfants naturels, entre la donation entre vifs et la donation testamentaire. Pas plus par testament que par donation entre vifs, les père et mère adultérins ou incestueux ne peuvent attribuer à leurs enfants plus que les aliments qui leur sont dus. La donation entre vifs ou testamentaire est nulle pour incapacité du donataire, en tant qu'elle excède les aliments qui lui sont dus. L'action en nullité appartiendrait à tout intéressé, la nullité étant fondée sur des considérations d'ordre public. La loi ne donne plus ici, comme elle l'a fait pour les donations adressées aux enfants naturels reconnus (nouvel art. 908 al. 1), une liste limitative des personnes qui peuvent attaquer la donation excessive. Notre législateur a voulu établir une différence entre les enfants du crime et les enfants naturels simples.

Pour que notre disposition puisse recevoir son application en ce qui concerne un enfant adultérin ou incestueux, il faut que sa filiation soit légalement établie, ce qui ne peut arriver que dans des cas exceptionnels, la loi interdisant la reconnaissance des enfants adultérins ou incestueux (art. 335). V. à ce sujet t. I, n. 900 *bis*.

. . . .

. . . .

N° 1. **De la réserve des descendants.**

I. *Réserve des descendants légitimes.*

409. Aux termes de l'art. 913 al. 1 : « *Les libéralités, soit par » actes entre vifs, soit par testament, ne pourront excéder la moitié » des biens du disposant, s'il ne laisse à son décès qu'un enfant légitime ; le tiers, s'il laisse deux enfants ; le quart, s'il en laisse trois » ou un plus grand nombre* ». Ainsi que nous l'avons déjà remarqué, le législateur ne détermine ici, directement au moins, que la *quotité disponible*. Mais cela suffit pour faire connaître le montant

1. Les enfants adultérins ou incestueux se trouvaient compris dans l'ancien art. 908 sous la dénomination générique d' « enfants naturels ».

de la *réserve*. En effet, la quotité disponible et la réserve formant par leur réunion l'unité qui constitue le patrimoine, il est clair que la première étant connue, la seconde sera égale à la différence qui existe entre la première et l'entier. Ainsi la loi dit que la quotité disponible est de la moitié du patrimoine, quand il y a un enfant; donc la réserve est de l'autre moitié. Elle ajoute que la quotité disponible est du tiers quand il y a deux enfants ; donc la réserve est des deux autres tiers. Enfin, la quotité disponible étant du quart quand il y a trois enfants ou un plus grand nombre, la réserve est par cela même du surplus, c'est-à-dire des trois quarts. En un mot, la réserve est le *complément* de la quotité disponible, c'est-à-dire qu'elle est égale à ce qu'il faut ajouter à la quotité disponible pour former un entier.

L'idée qui a servi de point de départ au législateur dans l'art. 913, al. 1, est que la quotité disponible doit être égale à une part d'enfant. Nous voyons en effet qu'en présence d'un seul enfant la quotité disponible est de la moitié, par conséquent égale à la part réservée à l'enfant, qui est de l'autre moitié ; s'il y a deux enfants, la réserve de chacun est d'un tiers, et le disponible d'un tiers également ; de même, s'il y a trois enfants, la réserve de chacun est d'un quart et le disponible d'un quart également. En poursuivant l'application de cette idée, on serait arrivé à dire que la quotité disponible doit être d'un cinquième quand il y a quatre enfants, d'un sixième quand il y en a cinq..., d'un douzième quand il y en a onze..., ainsi que le décidait la loi du 4 germinal an VIII, art. 1. Mais notre législateur a considéré que ce serait restreindre dans des limites trop étroites le droit des pères de famille, auxquels il importe de donner, comme l'a dit Tronchet au conseil d'Etat, « la faculté de récompenser et de punir avec discrétion, celle de réparer entre leurs enfants les inégalités de la nature ou les injustices aveugles de la fortune..., en outre la faculté d'exercer des actes de bienfaisance et de reconnaissance envers des étrangers ». D'après l'art. 913, qui adopte ainsi comme *minimum* le taux que le législateur de l'an VIII avait fixé comme *maximum*, le père de famille pourra toujours disposer au moins du quart de ses biens.

410. Bien que la loi ne parle dans l'art. 913 al. 1 que des enfants légitimes, il est certain que le droit à la réserve appartient aussi à l'enfant légitimé et à ses descendants (arg. art. 333), et à l'enfant adoptif dans la succession de l'adoptant (arg. art. 350).

II. *Réserve des enfants naturels reconnus.*

411. La question de savoir si les enfants naturels reconnus ont droit à une réserve avait donné lieu à une vive controverse sous l'empire du code civil de 1804. L'affirmative avait fini par triompher à juste titre en doctrine et en jurisprudence. En effet, le code civil assimilait, à la quotité près, le droit héréditaire de l'enfant naturel reconnu à celui de l'enfant légitime. L'enfant naturel reconnu devait donc avoir une réserve ; autrement son droit héréditaire eût été d'une nature autre que celui de l'enfant légitime. Et puis l'art. 761 n'impliquait-il pas nécessairement l'existence d'un droit de réserve au profit de l'enfant naturel ? Ce texte, aujourd'hui abrogé, autorisait le père naturel à réduire son enfant légalement reconnu à la moitié de sa part héréditaire telle qu'elle était fixée par les art. 757 et 758, en lui faisant une donation entre vifs dans laquelle il exprimait cette volonté ; le père ne pouvait pas lui faire subir par ce moyen une réduction plus forte. Comment admettre alors que le père pût exhéréder son fils par le moyen de donations entre vifs ou testamentaires faites à d'autres personnes ?

On était donc à peu près d'accord. Et toutefois, pour supprimer jusqu'à l'ombre d'une incertitude, peut-être aussi pour prévenir les conséquences d'un retour possible de jurisprudence, le législateur de 1896 a cru devoir consacrer le principe par un texte formel qui précise également, toujours conformément aux données de la jurisprudence, le mode de calcul de la réserve des enfants naturels. Le nouvel art. 913 al. 2 porte : « *L'enfant naturel légalement reconnu a droit à une réserve. Cette réserve est une quotité de celle qu'il aurait eue s'il eût été légitime, calculée en observant la proportion qui existe entre la portion attribuée à l'enfant naturel au cas de succession* ab intestat *et celle qu'il aurait eue dans le même cas s'il eût été légitime* ».

Ainsi, l'enfant naturel reconnu a un droit de réserve ; c'est un principe aujourd'hui incontestable. Cette réserve est une quote-part de celle que l'enfant aurait eue s'il eût été légitime et une quote-part précisément égale à celle que la loi lui alloue dans la succession tout entière en l'absence de dispositions entre vifs ou testamentaires faites par son auteur. En d'autres termes, la réserve de l'enfant naturel reconnu est calquée sur sa part héréditaire dans la succession *ab intestat*, ce qui est logique puisque la réserve n'est qu'une partie de la succession et qu'il est naturel d'appliquer à la partie la même règle qu'au tout. Il faudra donc, pour la détermination de la réserve comme pour la détermination de la part héréditaire de l'enfant naturel reconnu, le supposer un instant légitime, rechercher quelle est la réserve à laquelle il aurait eu droit dans cette hypothèse et lui en attribuer la moitié, les trois quarts ou la totalité suivant les distinctions établies dans les art. 758 à 760.

Nous allons faire l'application de notre principe aux diverses hypothèses qui peuvent se présenter.

412. Première hypothèse. Le père ou la mère de l'enfant naturel reconnu laisse, outre cet enfant, des descendants légitimes. D'après notre règle, la réserve de l'enfant naturel sera de la moitié de celle qu'il aurait eue s'il eût été légitime. Elle sera donc du sixième pour l'enfant naturel qui se trouve en présence d'un seul enfant légitime. En effet, si l'enfant naturel eût été légitime, nous aurions eu deux enfants légitimes venant à la succession et leur réserve eût été des deux tiers, un tiers pour chacun. Un tiers, voilà donc la réserve que l'enfant naturel aurait eue s'il eût été légitime. Il lui en revient la moitié, soit un sixième.

On trouverait de même que la réserve d'un enfant naturel reconnu, en présence de deux enfants légitimes, serait d'un huitième, soit la moitié du quart qui aurait formé la réserve de l'enfant s'il eût été légitime.

S'il existe plusieurs enfants naturels, il faut les considérer tous simultanément comme légitimes et leur attribuer la moitié de la réserve qui leur aurait appartenu dans cette hypothèse. Ainsi deux enfants naturels en présence d'un enfant légitime auront droit chacun à une réserve d'un huitième (la moitié du quart qui aurait formé leur réserve s'ils eussent été légitimes).

* **413.** Il reste à savoir sur quelle partie de la succession devra se prendre la réserve de l'enfant naturel. C'est toujours le même principe qui doit nous servir de guide. Il faut procéder ici (sauf la quotité) comme l'on procéderait si l'enfant naturel était légitime : ce qui conduira à prélever sa réserve, tantôt sur celle des héritiers légitimes seulement, tantôt sur cette réserve et sur la quotité disponible proportionnellement. En d'autres termes, la réserve de l'enfant naturel doit nuire à tous ceux auxquels elle aurait nui dans une plus forte proportion si l'enfant naturel eût été légitime.

Ainsi il y a trois enfants légitimes, un légataire universel et un enfant naturel. En l'absence d'enfant naturel, les enfants légitimes auraient eu droit aux trois quarts (art. 913 al. 1), et le légataire universel à un quart. D'autre part, si l'enfant naturel eût été légitime, nous aurions eu quatre enfants légitimes, dont la réserve n'aurait pas été plus forte que celle de trois (art. 913 al. 1) ; par suite le légataire universel aurait toujours pris le quart, et les quatre enfants se seraient partagé le reste. Donc, en supposant l'enfant naturel légitime, sa présence ne nuirait ici qu'aux autres enfants légitimes, elle ne nuirait pas au légataire universel ; par conséquent la réserve de l'enfant naturel se prélèvera exclusivement sur celle des enfants légitimes. Autrement le légataire universel obtiendrait moins en présence de trois enfants légitimes et d'un enfant naturel qu'en présence de quatre enfants légitimes, résultat inadmissible et qui suffit lui seul à condamner l'opinion d'après laquelle la réserve de l'enfant naturel devrait dans tous les cas être considérée comme une dette de la succession tout entière, et prélevée à ce titre *sur la masse*, par conséquent sur la réserve des héritiers légitimes et sur la quotité disponible proportionnellement.

Supposons maintenant un enfant légitime, un légataire universel et un enfant naturel. En l'absence d'enfant naturel, la succession se serait divisée par moitié entre l'enfant légitime et le légataire universel. D'autre part, si l'enfant naturel eût été légitime, il y aurait eu deux enfants légitimes qui auraient pris chacun un tiers, et le légataire universel aurait eu droit à un tiers également. En supposant l'enfant naturel légitime, sa présence aurait donc nui également à l'autre enfant légitime et au légataire universel. Sa réserve restreinte doit leur nuire dans la même proportion et se prélever également sur la part de l'un et sur celle de l'autre, ou, ce qui revient au même, sur la masse de la succession.

On trouverait de même que la réserve de l'enfant naturel doit être prélevée sur la masse de la succession quand l'enfant naturel est en présence de deux enfants légitimes.

414. DEUXIÈME HYPOTHÈSE. *L'enfant naturel est en concours avec* *des ascendants du défunt.* L'application du principe posé par l'art. 913 al. 2 aurait conduit à attribuer à l'enfant naturel, dans cette hypothèse, les trois quarts de la réserve à laquelle il aurait eu droit s'il eût été légitime, ce qui eût donné les trois quarts de la moitié, soit trois huitièmes, pour un seul enfant naturel, les trois quarts des deux tiers, soit six douzièmes, pour deux, les trois quarts des trois quarts, soit neuf seizièmes, pour trois ou un plus grand nombre. Et cette réserve aurait dû, conformément à ce qui vient d'être dit au numéro précédent, être prélevée exclusivement sur la réserve des ascendants quand il y en a dans les deux lignes, et proportionnellement sur cette réserve et sur la quotité disponible quand il n'y a d'ascendants que dans une seule ligne. Mais la réserve des ascendants se serait ainsi trouvée, dans un grand nombre de cas, ou absorbée complètement ou réduite à des proportions trop exiguës. Aussi le législateur de 1896 a-t-il adopté un autre système. Le nouvel art. 915 dispose : « *Lorsque, à défaut d'enfants légitimes,* » *le défunt laisse à la fois un ou plusieurs enfants naturels et des* » *ascendants dans les deux lignes ou dans une seule, les libéralités* » *par actes entre vifs et par testament ne pourront excéder la moi-* » *tié des biens du disposant s'il n'y a qu'un enfant naturel, le tiers* » *s'il y en a deux, le quart s'il y en a trois ou un plus grand nom-* » *bre. Les biens ainsi réservés seront recueillis par les ascendants* » *jusqu'à concurrence d'un huitième de la succession, et le surplus* » *par les enfants naturels* ». Ce texte établit une réserve *globale* qui est calculée sur le nombre des enfants naturels et égale à celle qui serait attribuée à pareil nombre d'enfants légitimes. Sur cette réserve globale, les ascendants, quel que soit leur nombre, prélèvent une part égale au huitième de la succession tout entière. Le reste de la réserve se partage entre les enfants naturels. Ainsi, le défunt ayant laissé un seul enfant naturel et des ascendants, la réserve globale sera de la moitié, soit quatre huitièmes, comme elle le serait s'il y avait un seul enfant légitime (art. 913 al. 1). L'ascendant prendra un huitième, et les trois autres formeront la réserve de l'enfant naturel ; les quatre huitièmes restant formeront la quotité disponible. De même, deux enfants naturels se trouvant en présence d'ascendants, la réserve globale sera des deux tiers de la succession, soit seize vingt-quatrièmes, comme s'il y avait deux enfants légitimes. Sur ces seize vingt-quatrièmes, l'ascendant en prélèvera trois représentant un huitième de la succession. Il restera treize vingt-quatrièmes pour les deux enfants naturels, soit treize quarante-huitièmes pour chacun. De sorte qu'en prenant une succession dont l'actif net s'élève à 48.000 fr , il y aura 6.000 fr. pour l'ascendant, 13.000 pour chaque enfant naturel et 16.000 pour celui auquel la quotité disponible aurait été léguée. S'il y a trois enfants naturels, la quotité disponible sera d'un quart ou deux huitièmes, la réserve des ascendants de un huitième, et celle des enfants naturels de cinq huitièmes. — Personne ne peut se plaindre, ni les ascendants, qui reçoivent une moitié de leur part héréditaire telle qu'elle est fixée par l'art. 759, ni les enfants naturels, qui semblent bien partagés du moment qu'on leur donne une réserve égale à celle de pareil nombre d'enfants légitimes, défalcation faite de la réserve des ascendants, ni le père de famille, qui peut disposer d'une quotité disponible du quart, du tiers ou de la moitié, suivant le nombre de ses enfants.

La réserve des ascendants est toujours d'un huitième de la succession, quel que soit le nombre des ascendants. Ce huitième devra leur être attribué comme le serait la succession tout entière si elle leur était déférée.

Il paraît singulier, au premier abord, que les ascendants du défunt aient droit à une réserve en présence d'un enfant naturel, tandis que toute réserve leur est refusée en présence d'un enfant légitime. Cela s'explique si l'on songe que l'ascendant est exclu de la succession ordinaire par l'enfant légitime, tandis qu'il n'en est pas exclu par un enfant naturel. On a appliqué à la réserve, qui est une partie de la succession, la même règle qu'à la succession tout entière. D'ailleurs l'exclusion, que subit l'ascendant par suite de la présence d'un enfant légitime, trouve une certaine compensation dans le droit aux aliments que la loi lui accorde contre cet enfant qui est son petit-fils ou son arrière-petit-fils. Pareille compensation n'aurait pas eu lieu au profit de l'ascendant, s'il eût été exclu par l'enfant naturel du défunt. Arg. nouv. art. 757.

M. Thézard a fait observer au sénat que la réserve d'un huitième accordée aux ascendants est bien maigre, que souvent elle sera insuffisante pour faire face aux besoins de leur existence. L'honorable sénateur demandait que, dans cette hypothèse, il fût accordé aux ascendants, à titre de complément, une créance alimentaire contre la succession, à l'imitation de ce qui a été fait en faveur du conjoint survivant. On peut regretter que cette proposition si raisonnable ait été repoussée.

415. Troisième hypothèse. L'enfant ou les enfants naturels se trouvent en concours avec des frères et sœurs ou descendants d'eux. L'application de la règle consacrée par l'art. 913 al. 2 conduit à décider que la réserve de chaque enfant naturel sera égale aux trois quarts de celle qu'il aurait eue s'il eût été légitime. Elle sera donc des trois huitièmes pour un seul enfant naturel (les trois quarts de la moitié) ; des six douzièmes ou la moitié pour deux enfants naturels (les trois quarts de deux tiers), enfin des neuf seizièmes (les trois quarts de trois quarts) pour trois enfants naturels.

La comparaison de ces chiffres avec ceux qui précèdent amène les constatations suivantes :

Un seul enfant naturel a, en présence de collatéraux privilégiés, la même réserve qu'en présence d'ascendants : trois huitièmes dans les deux cas ;

Deux enfants naturels ont une réserve plus forte en présence d'ascendants qu'en présence de collatéraux privilégiés : treize vingt-quatrièmes dans un cas, douze vingt-quatrièmes dans l'autre.

Même résultat pour trois enfants naturels : en présence d'ascendants leur réserve est de cinq huitièmes ou dix seizièmes ; en présence de collatéraux, de neuf seizièmes.

* C'est peut-être une anomalie que l'enfant naturel soit ainsi, dans certains cas, mieux traité en présence d'ascendants, auxquels la loi reconnaît un droit de réserve, qu'en présence de collatéraux privilégiés auxquels la loi refuse tout droit à la réserve. Mais nous croyons qu'il n'appartient pas à l'interprète de corriger le défaut d'harmonie qu'il trouve dans la loi. C'est ce que nous paraît faire M. Campistron (n. 111 et 112), lorsqu'il attribue dans notre hypothèse aux enfants naturels en concours avec des collatéraux privilégiés la réserve globale de l'art. 915 tout entière, ce qui revient à leur donner la même réserve que s'ils étaient légitimes. Cette solution ne nous paraîtrait acceptable que si les frères et sœurs ou descendants d'eux avaient été exhérédés. L'assimilation de l'enfant naturel à l'enfant légitime ne pourrait pas alors faire de doute, puisqu'il n'aurait en face de lui ni descendants légitimes ni ascendants ni collatéraux privilégiés.

415 *bis*. Quatrième hypothèse. Les père ou mère de l'enfant naturel laissent des ascendants et des collatéraux privilégiés (frères ou sœurs ou descendants d'eux).

Si les ascendants sont autres que le père ou la mère, ils sont exclus par les collatéraux privilégiés (*supra* n. 78) ; l'enfant naturel ne se trouve donc en concours qu'avec des collatéraux privilégiés, et nous retombons ainsi dans la troisième hypothèse. Cependant si les collatéraux privilégiés renonçaient à la succession, alors l'enfant naturel se trouverait en concours avec les ascendants et nous retomberions dans la seconde hypothèse.

Si les ascendants laissés par le défunt sont le père ou la mère, alors ceux-ci ont seuls droit à la réserve à l'exclusion des collatéraux privilégiés. La réserve sera toujours d'un huitième de la succession pour les père ou mère et le surplus de la réserve globale pour l'enfant ou les enfants naturels.

415 *ter*. Cinquième hypothèse. Le défunt ne laisse ni descendants légitimes ni ascendants légitimes ni collatéraux privilégiés. Alors la réserve de l'enfant naturel sera égale à celle d'un enfant légitime. En effet les droits héréditaires de l'enfant naturel dans la succession *ab intestat* sont dans ce cas les mêmes que ceux d'un enfant légitime ; il doit en être de même, d'après notre règle, du droit de réserve.

Disposition commune à la réserve des enfants légitimes et à celle des enfants naturels.

415 *quater*. Le nouvel art. 913 al. 3 dispose : « *Sont compris* » *dans le présent article, sous le nom d'enfants, les descendants en* » *quelque degré que ce soit. Néanmoins, ils ne sont comptés que* » *pour l'enfant qu'ils représentent dans la succession du disposant* ». Cette disposition aurait dû être renvoyée après l'art. 915 et ainsi rédigée : Sont compris dans les articles 913 et 915 sous le nom d'enfants... On ne verrait en effet aucun motif, malgré les termes restrictifs en apparence de l'art. 913 al. 3, pour que la signification du mot *enfant* fût autre dans l'art. 915 que dans l'art. 913.

D'un autre côté, ce n'est pas seulement, comme notre texte semble l'indiquer, lorsque les descendants viennent *par représentation* de leur auteur prédécédé qu'ils doivent être comptés tous pour la tête de l'enfant dont ils sont issus. Il en est de même des descendants qui viennent de leur propre chef par suite de la renonciation ou de l'indignité de leur auteur. Les mots *qu'ils représentent* signifient certainement ici : *qu'ils* REMPLACENT, *dont ils sont issus*. Ainsi trois petits-fils, issus d'un fils unique renonçant ou indigne et arrivant de leur chef à la succession de leur aïeul, n'auraient droit qu'à une réserve de la moitié et non des trois quarts. Autrement le fils du défunt pourrait, en renonçant pour faire arriver ses enfants à sa place, augmenter le montant de la réserve, ce qui est inadmissible. Rouen, 12 fév. 1887, S., 88. 2. 42, D., 89. 2. 181.

416. Un enfant légitime, légitimé, adoptif ou naturel ne peut être compté pour le calcul de la réserve qu'autant qu'il est capable de recueillir la succession. Ainsi on ne compterait pas l'enfant qui est mort avant l'ouverture de la succession sans laisser de descendants, ni celui dont l'existence n'est pas reconnue parce qu'il est absent. Mais on compterait l'enfant qui serait sous le coup d'une condamnation à une peine afflictive perpétuelle ; car s'il est incapable de recevoir par donation entre vifs ou par testament, il n'est pas incapable de recevoir à titre de succession.

Faut-il compter les enfants renonçants ? Une jurisprudence constante, soutenue par le suffrage de la majorité des auteurs, résout cette grave question dans le sens de l'affirmative [1]. Elle a conservé

1. Paris, 18 fév. 1886, S., 88.2.225 et la note. La même question s'élève au sujet des

toute son autorité depuis l'apparition de la loi du 25 mars 1896 qui ne touche pas la question.

Quelque inébranlable que paraisse cette jurisprudence, nous nous joignons à la minorité qui en sollicite la réformation au nom des textes et des principes, du triomphe desquels il ne faut jamais désespérer.

Pour soutenir que les enfants renonçants doivent être comptés pour le calcul de la réserve, la cour de cassation dit, et les auteurs répètent après elle, que l'art. 913 détermine la quotité disponible, et par suite la réserve, d'après le nombre des enfants que le défunt *laisse*, sans distinguer s'ils acceptent ou répudient. — Mais nous avons déjà vu la loi employer plusieurs fois cette expression pour désigner les personnes que le défunt *laisse comme héritiers* (voyez notamment les art. 746, 748, 749, 757, 758) ; pourquoi donc n'aurait-elle pas ici le même sens? — La cour ajoute qu'aux termes de l'art. 786 la part du renonçant accroît à ses cohéritiers ; donc, dit-elle, quand, sur trois enfants, par exemple, l'un renonce, sa part dans la réserve (qui est une portion de la succession) accroîtra aux enfants acceptants ; par conséquent les deux enfants qui acceptent auront à eux deux la réserve de trois. — Mais l'art. 786, ainsi que nous l'avons expliqué (*supra*, n. 175), n'est qu'une conséquence, et une conséquence mal déduite, du principe posé par l'art. 785, d'après lequel : « L'héritier qui renonce est censé n'avoir jamais été héritier ». C'est donc au principe qu'il faut s'attacher, plutôt qu'à la conséqnence. Or, si nous appliquons le principe, que voyons-nous ? C'est que, l'héritier qui renonce étant considéré comme n'ayant jamais été héritier, on ne doit pas le compter pour le calcul de la réserve, pas plus qu'on ne le compterait s'il n'avait jamais existé. D'ailleurs l'art. 786 formule deux conséquences du principe posé par l'art. 785, et, si l'on veut appliquer la première, il faut nécessairement, pour être logique, appliquer aussi la seconde : « s'il [le renonçant] est seul, sa part » est dévolue au degré subséquent ». Ce qui conduirait à dire que, s'il y a un seul enfant et qu'il renonce, son droit à la réserve sera dévolu aux ascendants ou aux collatéraux appelés à son défaut. C'est inadmissible, et nul ne l'admet. Cpr. Bordeaux, 31 janv. 1893, S., 93. 2. 285, D., 93. 2. 444. Eh bien ! si l'on est obligé de reconnaitre que l'art. 786 est inapplicable ici pour la moitié, autant dire qu'il l'est pour la totalité. Cpr. *infra*, n. 418.

Il est vrai que notre solution conduit à des résultats qui ne sont pas satisfaisants de tous points ; mais ce n'est pas une raison suffisante pour s'en écarter.

N° 2. De la réserve des ascendants.

417. La réserve des ascendants est fixée par l'art. 914 qui reproduit sans modifications le texte de l'ancien art. 915. L'alinéa 1 de ce texte dispose : « *Les libéralités, par actes entre vifs ou par* » *testament, ne pourront excéder la moitié des biens, si, à défaut* » *d'enfant, le défunt laisse un ou plusieurs ascendants dans chacune* » *des lignes paternelle et maternelle ; et les trois quarts, s'il ne laisse* » *d'ascendants que dans une ligne* ».

Le mot *ascendants* qu'emploie ici la loi est générique, et comprend même les père et mère. Cela posé, le législateur, pour déterminer le montant de la réserve des ascendants, ne se préoccupe pas précisément de leur nombre, mais du point de savoir s'il en existe dans une seule ligne ou dans les deux. La réserve est du quart dans le premier cas, et de la moitié dans le second : ce qui

enfants indignes, et l'unique arrêt que nous possédons sur la matière la résout dans le même sens (Douai, 25 juin 1891, D., 92.2.89, S., 92.2.257).

revient à dire que chaque ligne a droit à une réserve d'un quart, quel que soit le nombre des ascendants qui la représentent. Ainsi la réserve des quatre bisaïeuls appartenant à la même ligne ne sera toujours que d'un quart, tandis que la réserve du père et de la mère serait de la moitié, un quart pour chacun.

L'art. 914 ajoute : « *Les biens ainsi réservés au profit des ascen-* » *dants, seront par eux recueillis dans l'ordre où la loi les appelle* » *à succéder* ». Ainsi l'aïeul prendrait toute la réserve affectée à la ligne à laquelle il appartient, à l'exclusion de deux bisaïeuls, père et mère de son épouse prédécédée. Les bisaïeuls ne peuvent ici réclamer une part dans la réserve, parce qu'ils ne sont pas appelés à la succession (art. 746 al. 2). Nouvelle preuve que, pour avoir droit à la réserve, il faut être héritier, *non habet legitimam nisi qui heres est*. D'où il faut conclure que les ascendants n'auraient pas droit à la réserve, s'ils étaient exclus de la succession par des collatéraux. Tel serait le cas d'un aïeul en présence d'un frère du défunt (art. 750 et 752). Avant d'être héritier réservataire, il faut être héritier, *prius est esse quam esse tale*.

Enfin l'art. 914 dit dans sa partie finale : « *ils* [les ascendants] » *auront seuls droit à cette réserve, dans tous les cas où un partage* » *en concurrence avec des collatéraux ne leur donnerait pas la quo-* » *tité de biens à laquelle elle est fixée* ». On sait que, dans plusieurs cas, les ascendants sont appelés à la succession en concurrence avec des collatéraux ; alors le partage ne devra s'opérer entre les uns et les autres, dans les proportions déterminées au titre *Des successions,* qu'autant que cette opération devra avoir pour résultat de procurer aux ascendants au moins leur réserve. Dans le cas contraire, les collatéraux n'auront droit qu'à ce qui restera une fois que les ascendants seront remplis de leur réserve. Ainsi le défunt laisse un aïeul paternel, un collatéral maternel et un légataire à titre universel de la moitié des biens. La moitié dont le défunt n'a pas disposé se partagera par portions égales, conformément à l'art. 733, entre le collatéral et l'aïeul, qui se trouvera ainsi rempli de sa réserve d'un quart. Mais si, dans la même hypothèse, on suppose un legs des trois quarts, le quart restant devra être attribué tout entier à l'aïeul, qui autrement n'obtiendrait pas sa réserve.

CHATEAUROUX. — Typographie et Stéréotypie A. MAJESTÉ ET L. BOUCHARDEAU.

www.ingramcontent.com/pod-product-compliance
Ingram Content Group UK Ltd.
Pitfield, Milton Keynes, MK11 3LW, UK
UKHW020458230726
13925UKWH00005B/2018

9 782014 069365